庆祝山西省考古研究院七十华诞

山西出土唐代昭武九姓胡人墓志举例

王俊　龙真　著

文物出版社

图书在版编目（CIP）数据

山西出土唐代昭武九姓胡人墓志举例 / 王俊, 龙真
著. -- 北京：文物出版社, 2023.9
ISBN 978-7-5010-8118-9

Ⅰ.①山… Ⅱ.①王… ②龙… Ⅲ.①墓志—研究—
山西—唐代 Ⅳ.①K877.454

中国国家版本馆CIP数据核字(2023)第117766号

山西出土唐代昭武九姓胡人墓志举例

著　　者：王　俊　龙　真

封面题签：武毓璋
封面设计：秦　彧
责任编辑：秦　彧　刘雅馨
责任印制：王　芳

出版发行：文物出版社
社　　址：北京市东城区东直门内北小街2号楼
邮　　编：100007
网　　址：http://www.wenwu.com
经　　销：新华书店
印　　刷：北京荣宝艺品印刷有限公司
开　　本：889mm×1194mm　1/16
印　　张：6.5
版　　次：2023年9月第1版
印　　次：2023年9月第1次印刷
书　　号：ISBN 978-7-5010-8118-9
定　　价：220.00元

凡　例

（1）本书所收墓志中的古今字、异体字、俗字等，根据每方墓志的具体情况，有的改为简体字，有的保留繁体字，主要是考虑墓志识读和叙述方便。

（2）本书所收墓志中"□"为未识读字，墓志中"/"为分行符，墓志中"■"为墓志中空格，释读志文某字后括号内为著者认为对应的今字。

（3）本书是对山西省近年新发表和以往发现未发表的唐代"昭武九姓"胡人墓志进行的集中考释。

（4）本书所收墓志的排列以志主卒年早晚为序。

（5）本书收入资料为公立博物馆旧藏和以往学术刊物上公开发表的墓志；不包含私人博物馆及民间收藏家所藏。

目　录

壹　前言

粟特人与祆教的研究由来已久。进入 21 世纪初，随着山西省太原市南郊隋代虞弘墓的发现与发掘，祆教的研究又开始慢慢升温。又经过了二十余年，全国越来越多的祆教和粟特人遗物被发现，无疑是对中古时期外来民族和宗教研究提供一批十分宝贵的材料。

山西太原虞弘墓被发现之后，最重要粟特人遗存是汾阳市唐代曹怡墓志的发现，它对祆教并州萨宝府及其内部结构、分工具有最重要的研究价值。它不仅印证《虞弘墓志》中"大象末左丞相府迁领并、代、介三州乡团检校萨宝府"的记载，更加促进了对山西粟特人殖民聚落的分布、墓葬制度、随葬品等认知[1]。

笔者对粟特人的好奇心源于姜伯勤先生 2000 年在晋源区对新发现虞弘墓的一次讲谈。在座的人很多，有张庆捷老师、常一民先生和晋源区文物局李爱国副局长等。讲谈的时间约有一个半小时，姜先生主要是谈了祆教的内涵及其特征，虞弘墓石椁内容认识；他特别强调山西介休县祆神楼（三结义庙）是全国现存的祆教建筑，意义特别重大。由于出于好奇心驱使，便开始留心购买、阅读祆教及粟特人的书籍；同时利用在全省考古发掘的机会悉心浏览当地的出土文物，尤其是昭武九姓胡人的墓志。

功夫不负有心人，2009 年在山西汾阳市的文物库房中发现了唐代曹怡墓志。随后，我便将这个信息告知张庆捷老师，汾阳文物部门热情接待了他，并赠送了墓志拓片。2011 年我去汾阳核对《汾阳东龙观宋金壁画墓》考古发掘报告出土文物标本，再次询问曹怡墓的出土地点、随葬品的情况等。由于 2009 年只注重墓志的研究价值，忽略了其他相关信息，在我的坚持下，汾阳市博物馆王仲璋馆长同意由我负责编写唐曹怡墓发掘简报。经过半年有余，简报编写完成提交《文物》杂志。责编提出简报篇幅太长，建议简报另外撰写一个简要结论，而将之前完成的结论以论文的形式发表。这就是 2014 年《文物》月刊上发表的曹怡墓发掘简报和相关问题研究[2]。

曹怡墓简报及论文发表之后，给了我极大的信心和鼓励。从 2014 年我陆续在

---

[1]　山西省考古研究所、太原市文物考古研究所、太原市晋源区文物旅游局：《太原隋代虞弘墓清理简报》，《文物》2001年第1期。山西省考古研究所、太原市文物考古研究所、太原市晋源区文物旅游局：《太原隋代虞弘墓》，文物出版社，2005年。

[2]　王俊：《汾阳市唐曹怡墓发掘简报》《唐曹怡墓相关问题研究》，《文物》2014年第11期。此次结集出版时，对旧文中出现错误和不当之处作了必要修改。

朔州市应县文物部门和同窗好友中国国家博物馆王力之研究员帮助下，开始了应县木塔文物管理所藏晚唐昭武九姓胡人墓志的材料搜集及五台县建安唐代家族墓出土石氏昭武九姓胡人墓志的研究工作。时至今日，研究成果才得以公布（图1-1）。

应县木塔文物管理所藏的晚唐昭武九姓胡人墓志的来源比较复杂，据本人调查基本情况是：1986年当时的雁北文物工作站（1979～1993年）对应县西部黄花堆附近墓葬进行抢救发掘，发现《曹君墓志》。具体发掘情况、出土文物及相关信息随着雁北文物工作站解体为现今大同市考古研究所和朔州市文物工作站而不了了之。其他2方墓志分别出土于水磨村和边耀村，具体情况不明。这一批昭武九姓胡人墓志与同出的随葬品便彻底分开而不为人所知。2015年在阅读雷云贵老先生编著《三晋石刻总目》（朔州市卷）[1]，发现了寻找已久的3盒"昭武九姓胡人"墓志信息，之后经过朔州市文物局文物科孙文俊师兄的介绍，在应县木塔文物管理所库房终于见到这3盒墓志。持山西省文物局信函，2015年10月再次登临应县，对这3盒唐代墓志进行了传拓和记录，随后便开始释读和研究工作。

五台县永安墓地唐代昭武九姓胡人墓志是用墨笔书写而成，保存情况不好。据发掘者回忆，当年家族墓地发现后，大家认为是一个普通家族的族墓地，并没有引起足够的重视。此墓志收录在《忻阜高速公路发掘报告》之中，一般人并不注意晚期墓葬内容，这也是没有受到大家重视的一个原因。其实，这个家族墓地经过科学发掘，仍有很多宝贵的价值有待进一步研究[2]。

太原市小井峪村附近的唐代龙氏家族墓发现于20世纪80年代，现在仅有6盒墓志是比较明晰的材料，其他随葬品等皆因为时代久远等等原因无法还原。以往大家更多关心《龙润墓志》，其余的5盒墓志的价值及其与晚期龙氏的关系未得到足够重视。这一次我们也是本着实事求是的态度，就墓志的内容进行初步解读和认识[3]。

太原阳曲县发现的《大晋故鸡田府部落长史何君政墓志》从纪年来看已经进入五代后唐时期，墓志文字的刻写较浅，加上出土时间较长、保存管理不善等原因，给墓志内容的解读带来不少困难。所幸的是，山西两位学者对它进行过比较详细的研究，许多问题得以澄清。本人不厌其烦，依然觉得他是研究晚唐五代时期"沙陀三部落人"极其宝贵的资料，还是附在本书之末，以起殿军之用[4]。

古代中古流行的祆教，其源头来自波斯琐罗亚斯德教。唐代中国流行的火祆教与原波斯教旨已经有了质的差异。正如蔡鸿生教授所言："唐代火祆教与其文化本原相比或因'辗转间接'而染上了中亚色彩，已非波斯本土之正宗，而为昭武

[1] 雷云贵编著：《三晋石刻总目》（朔州市卷），山西古籍出版社，2006年，第86、87页。

[2] 王力之：《五台永安唐墓发掘报告》，《忻阜高速公路考古发掘报告》，上海古籍出版社，2012年。

[3] 荣新江：《龙家考》，《中亚学刊》第4辑，北京大学出版社，1995年。

[4] 山西博物馆：《大晋故鸡田府部落长史何公墓铭》，《山西文物》1982年第1期。张庆捷：《长眠在山西的粟特人》，《解读虞弘墓——北朝定居中国的粟特人》，三晋出版传媒集团、三晋出版社，2020年，第123、124页。

图1-1 山西发现唐代粟特人墓志分布示意图

九姓之变种，亦未可知"[1]。

　　鉴于以上所言，我认为有必要对"昭武九姓""粟特人""祆教""萨宝""沙陀三部落"等几个关键词进行必要的解释，这样有助于对中亚胡人与中原关系的认知。

　　昭武九姓：是指中亚昭武九姓国。据《新唐书·康国传》，在唐代，康、安、曹、石、米、何、火寻、戊地、史，"世谓九姓，皆氏昭武"[2]。（唐）杜佑《通

---

　　[1]　《二十世纪唐研究》宗教，第677～585页。蔡鸿生：《波斯拜火教与古代中国》序，新文丰出版公司发行，1995年。

　　[2]　（宋）欧阳修、宋祁撰：《新唐书》卷二二一下《西域传·康国》，中华书局，1975年。

典·边防·西戎五》"康居"称："康国支庶各分王，故康国左右诸国，米国、史国、曹国、何国、安国、小安国、那色波国、乌那曷国、穆国凡九国，皆其种类，并以昭武为姓，示不忘本也"[1]。许序雅认为：唐代九姓胡仍以昭武为姓的国家仅有安、东安、米、何、史五国。在唐人看来，汉代康居五小王居地与昭武九姓国有某种联系[2]。

粟特人：虽然至今学术界有不同的认识，在这里我还是引用荣新江先生的观点，他认为"粟特人，在中国史籍中又被称为昭武九姓、九姓胡、杂种胡、粟特胡等等。从人种上来说，他们是属于伊朗系统的中亚古族；从语言上来说，他们操印欧语系伊朗语族中的东伊朗的一支，即粟特语（Sogdian），文字则使用阿拉美文的一种变体，现通称粟特文。粟特人的本土位于中亚阿姆河和锡尔河之间的泽拉夫珊河流域，即西方古典文献所说的粟特地区（Sogdian，音译作"索格底亚那"），其主要范围在今乌兹别克斯坦，还有部分在塔吉克斯坦和吉尔吉斯斯坦。"[3]

祆教：也称火祆教。王睿认为"与入华粟特人关系最为紧密的宗教莫过于中古三夷教（祆、景、摩尼），其中又以祆教最为重要"[4]。蔡鸿生认为"从宗教文化的历史形态看，祆教在传播过程中出现四大板块：原生版是波斯的琐罗亚斯德教，印度版是巴斯教，中亚版是马兹达教，中国版就是祆教"[5]。

萨宝：就萨宝一词的语源，谢重光与姜伯勤文章观点相同，该词目源自印度，本译为商主。如是，该词本与祆教无关。萨宝一词流行中亚地区为粟特人所借用，成为粟特人大首领的称呼[6]。法国魏天义先生"而在北方的胡人聚落里，所有迹象都让人相信，萨宝是从聚落成员中挑选出来的。中国的很多粟特人家族，在陈述祖先功绩时，都曾提到5、6、7世纪的甘肃萨宝。"[7]

沙陀三部落：是沙陀、萨葛、安庆三个部落的联合体。史籍有时又将其称为"代北三部落"或"代北部落"。也有将其称为"沙陀六部落"的。所谓"代北三部落"是因为"三部落"人俱居住于代北的缘故。所谓"萨葛""安庆"，是因为两个部落人系分别来自"萨葛府"和"安庆府"。"萨葛"或译为"薛葛""索葛"，据有关学者研究，意为"粟特"。萨葛府，据胡三省《通鉴注》载，其府治在振武（今内蒙古和林格尔西北）。安庆府，治所史无明载；从有关记述来看，约当在云、朔北部一带[8]。

[1]（唐）杜佑撰，王文锦、谢方等点校：《通典》，中华书局，1998年，第5255页。

[2] 许序雅：《唐代丝绸之路与中亚史地丛考——以唐代文献为研究中心》，商务印书馆，2015年。

[3] 荣新江、张志清：《从撒马尔干到长安——粟特人在中国的文化遗迹》，北京图书馆出版社，2004年，第3页。

[4] 王睿：《唐代粟特入华化问题述论》，社会科学文献出版社，2016年，第028页。

[5] 姜伯勤：《中国祆教艺术史研究》，生活·读书·新知三联书店，2004年，蔡鸿生"序"，第1页。

[6] 谢重光：《波斯琐罗亚斯德教与中国古代的祆神崇拜》，《欧亚学刊》1999年第1期，中华书局。姜伯勤：《萨宝府制度源流略论》，《华学》1998年第3期。

[7]〔法〕魏天义著，王睿译：《粟特商人史》，广西师范大学出版社，2012年，第94页。

[8] 蔡家艺：《沙陀族历史杂探》，《民族研究》2001年第1期。

贰　汾阳曹怡墓志

第一节　曹怡墓——唐代汾阳的粟特人遗存

王俊（山西省考古研究院）　王仲璋（汾阳市博物馆）

一　墓葬形制

2007 年 4 月，汾阳市胜利西街十三号楼基施工过程中，在楼基北侧发现砖室墓 1 座，编号 M3（图 2-1）。经过汾阳市文物部门人员清理，发现是 1 座四委角的砖室墓，穹隆顶，封顶已被破坏，距地表深 1.43 米。

在清理墓室的过程中，发现砂岩质墓志 1 盒、青釉龙柄鸡首壶 1 件、青釉梅瓶 1 件、小口高领罐 3 件，陶俑若干，墓葬用条砖铺底，未发现墓主人骨骸，推测为火葬。由于工期紧张，墓道未清理。现将主要遗迹及遗物介绍如下。

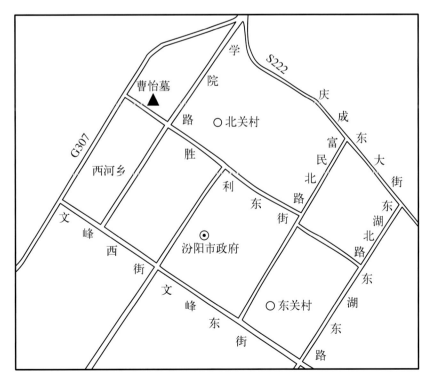

图2-1　汾阳曹怡墓位置示意图

墓葬为南北向（图2-2），墓道位于墓室南端正中，宽0.69米，高度不明；墓室南北宽3.08、东西长3.10米。从残存情况看应是穹隆顶，与以往汾阳、孝义两市发现的唐代墓葬形制基本相同。

随葬品主要为瓷器、陶器、陶俑及墓志等。

1.瓷器

青釉瓷器，2件。

青釉龙柄鸡首壶　1件。直口，长颈，颈部有三周凸弦纹，溜肩，深腹，下腹

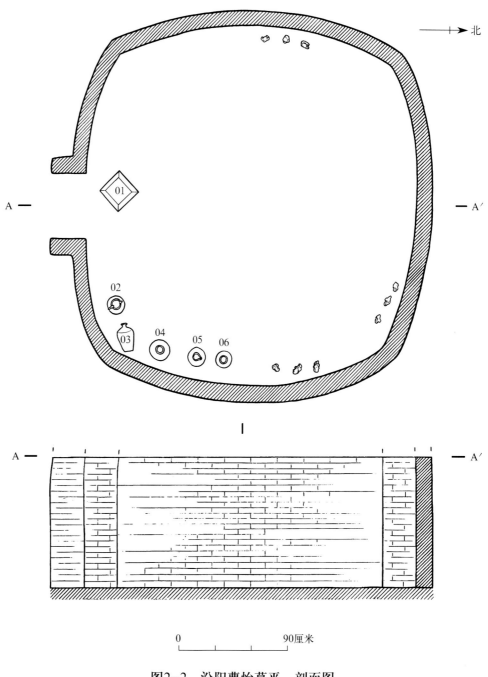

图2-2　汾阳曹怡墓平、剖面图

01.墓志　02.青釉龙柄鸡首壶　03.青釉瓷瓶　04~06.陶罐　其余为陶俑

内曲，平底外凸。双龙形柄，鸡首形流，肩部贴对称桥形系。胎质粗松，胎色青灰。器物表面施半釉，釉色青中闪绿，有细碎开片。口径10、最大腹径22.8、底径13.5、高42.6厘米（图2-3，1；图2-4～8）。

青釉梅瓶　1件。小口，圆唇，口沿外翻，圆肩，下腹斜收，小平底。胎质较密，胎色青灰。器物表面施半釉，釉色青中闪绿。口径6.8、最大腹径23.6、底径12.4、高34.8厘米（图2-3，2；图2-9～11）。

2.陶器

全部为高领罐，分为两型。A型有流，B型无流。

A型罐　1件。圆唇，卷沿，口沿上有用手捏制的一个短流，长颈，圆肩，斜腹，平底。泥质灰陶，陶质坚硬。口径10.5、最大腹径21.2、底径10.8、高27.2厘米（图2-12，1）。

B型罐　2件。圆唇，卷沿，长颈，圆肩，斜腹，平底。泥质灰陶，陶质坚硬。尺寸分别为：口径11.2、最大腹径22.7、底径10.8、高26.4厘米；口径11.2、最大腹径21.6、底径12.4、高26.4厘米（图2-12，2、3）。

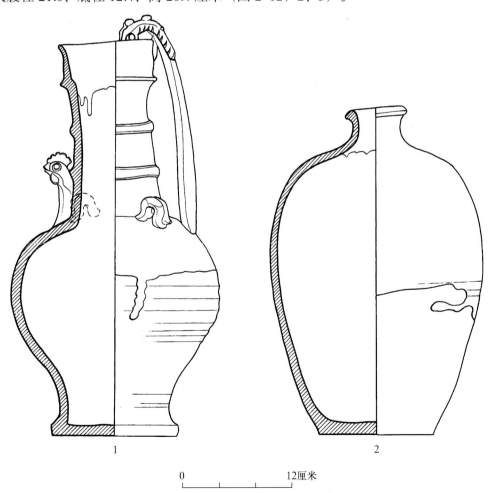

0　　　　　　　　12厘米

图2-3　曹怡墓出土青釉瓷器

1.青釉龙柄鸡首壶　2.青釉梅瓶

图2-4　青釉龙柄鸡首壶

图2-5 青釉龙柄鸡首壶局部

图2-6 青釉龙柄鸡首壶　　　　　图2-7 青釉龙柄鸡首壶

图2-8　青釉龙柄鸡首壶局部

图2-9　青釉梅瓶局部

图2-10　青釉梅瓶

图2-11　青釉梅瓶局部

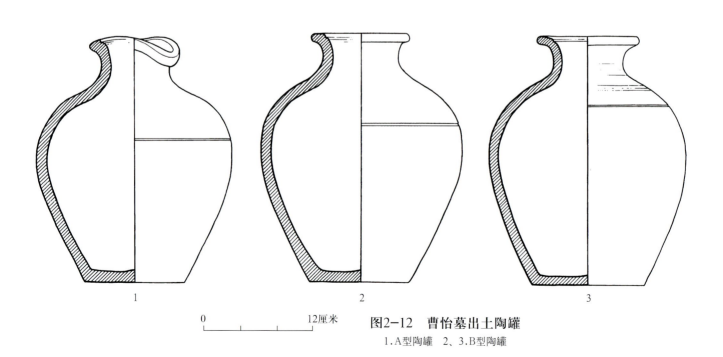

0 ━━━━━━━ 12厘米

图2-12　曹怡墓出土陶罐
1.A型陶罐　2、3.B型陶罐

3.陶俑

共9件，全部为残俑头，低温陶。

官帽俑　高10.1厘米（图2-13，1）。

女俑　高10.1厘米（图2-13，2）。

滑稽俑　高11.7厘米（图2-13，3、4）。

武士俑　高13.2厘米（图2-13，5）。

4.墓志

1盒，分为志盖和志身两部分，长宽尺寸相同（图2-14、15）。

志盖为盝顶，志身为四边形。志身长45、宽43、厚9厘米；满行15字，共

0　　　　　　6厘米

图2-13　曹怡墓出土陶俑

1.官帽俑　2.女俑　3、4.滑稽俑　5.武士俑

图2-14　曹怡墓志志盖

15行，由右向左书，共219字。

墓志为红砂岩质地，保存基本完好，志盖表面不平整，留有田字界格；志盖为上下书，篆书四字"曹君墓志"。志文如下：

君讳怡，字愿憷，隰城人也。曹叔振铎，周／文之昭，建国命氏，即其后也。祖贵，齐壮／武将军。父遵，■皇朝介州萨宝府车骑／骑都尉。君禀灵海岳，感气星辰，家着孝／慈，国彰忠烈。起家元从，陪翊■义旗；／后殿前锋，殊功必致，于是授公骑都尉，／用旌厥善。汪汪挺黄宪之度，谔谔含周舍／之风。乡塾抱其轨仪，僚庶爽其俯仰，宜／应享兹多福，锡以永龄。天不慭（yìn）遗，遽沾／风烛。粤于永徽六年六月景辰奄卒私／第，春秋七十有五，遂年十月一日葬于／城西北二

图2-15　曹怡墓志志石

里。赠（fèng）襚（suì）接磑，赴吊如林，缨冕／悽伤，缁素哀悼。其词曰：■言契（qì）诗书，动／符礼乐；门笃义方，家崇文学；岂谓梦洹，／泣牍（dú）飡（cān）玉；醼（yàn）赏停欢，歌钟罢曲。／

墓主人卒于唐永徽六年（655年）六月，当年十月一日葬于汾州城西北二里。

二　结语

曹怡墓是汾阳首次发现的唐代粟特人遗存，其意义非同一般。曹怡及其祖上均为介州萨宝府的中低级武官，其身份、地位并不高；但是墓葬中出土的青釉梅瓶和青釉龙柄鸡首壶个体硕大、釉色光亮、器形规整，无不透露出他与众不同的粟特人特殊身份。曹怡为西域"昭武九姓"中的曹国人无疑，他的发现为我们打开隋唐时期汾州、介州地区粟特人研究的一扇明窗，是研究唐代山西中西文化交流史的绝好材料，相信会有更多此类遗迹被发现、被认知。

附：感谢汾阳市文物旅游局、汾阳市博物馆的同仁在汾阳工作期间给予我无私的帮助和支持。也感谢我院的张庆捷先生，他在墓志志文的释读上多有惠赐。

绘图：耿鹏，摄影：李瑞。

第二节　汾阳唐代曹怡墓相关问题研究

王俊（山西省考古研究院）

一　隋末唐初——汾阳曾属介州

《汾阳县志》载：汾阳在"秦统一全国后，仍名兹氏县，隶太原郡。

汉属并州刺史部——太原郡。新朝易名兹同。东汉复为兹氏县，仍属并州刺史部之太原郡。三国魏黄初二年（221 年），置并州西河郡，郡治设于兹氏县，县属之。西晋咸宁三年（277 年），改封陈王司马斌为西河王驻兹，改郡为国，兹氏易名隰县隶之。永安元年（304 年），地归前赵（刘渊）。以后邑先后递归后赵、前秦、前燕、后燕，拓跋珪皇始元年（396 年）地归北魏。太延（435 ~ 440 年）中隰城县改称什星军。太和八年（484 年）复名隰城县，邑置西河郡，隶于汾州，州治设于蒲子城（今交口县蒲依村）。孝昌二年（526 年）山胡起义军围蒲子，汾州移至隰城。东魏、北齐，隰城县均隶于汾州西河郡，州、郡治均置隰城县城。北周于建德五年（576 年）取汾州，废州，西河郡隰城县改隶于介州。隋开皇三年（583 年）废郡，隰城县直属介州。大业三年（607 年）州改郡，复西河郡，郡治置隰城。唐武德元年（618 年），西河郡改称浩州，属河东道。武德三年（620 年）复称汾州，治隰城县如故。天宝元年（742 年）改汾州为西河郡。乾元元年（758 年）复名汾州。州郡治所均设于隰城县城。肃宗上元元年（760 年），县名改称西河县。历五代、宋、金、元，县名均称西河，属于汾州，汾州治所在县城。其间，周显德元年（954 年）宁化军置于县。宋元丰年间（1078 ~ 1085 年）汾州西河郡军置于县，宣和年间（1119 ~ 1125 年）汾阳军置于县。"[1]

---

[1]　（清康熙）周超、贾若瑚、樊之楷纂修，张立新、贾平点校：《汾阳县志》，中国文史出版社，2007 年，第 25 ~ 27 页。

永徽为唐高宗李治的年号，六年为公元 655 年。曹怡在追述自己父亲的生平履历时，称皇朝介州，应是指唐贞观元年之前废介州之事。《新唐书》："义宁元年（617 年）[1] 以介休、平遥置介休郡，武德元年（618 年）曰介州，贞观元年（627 年）州废。"另《元和郡县志》载：（介州）"贞观元年州废，以县属汾州。"

二　"萨宝"与"萨宝府"的设置

对于"萨宝"及"萨宝府"的研究是学术界近年来颇为关注的一个问题。随着虞弘墓、安伽墓等一系列考古新发现，粟特人以及管理少数民族问题的萨宝府又开始重新引起人们的重视。以往在太原附近这类遗存发现较少，而文献中的记载却很多，寻找这类遗存显然迫在眉睫。

汾阳唐代曹怡墓的发现无疑是一个重要的突破。在曹怡墓志被确定之初，山西省考古研究所张庆捷先生就对墓志的内容做过初步研究[2]。限于当时的情况，墓葬的形制、随葬品等相关信息没有及时公布。2010 年 8 月王仲璋先生的《汾阳出土唐代墓志选编》中录入了曹怡墓志、释文及注解[3]。2012 年 3 月，在征得王仲璋先生同意之后，我们重新对曹怡墓的出土文物进行整理，发现有珍贵的陶俑及青瓷等随葬品，它对研究曹怡及其家族至关重要。

"萨宝"一职，北朝、隋已设，见于《隋书》卷二七《百官志》。据《通典》卷四〇《职官典》，唐朝还设有管理火祆教的祀官——萨宝的府官，主持祭祀。萨宝府官分为萨宝、祆正、率府、府史等等，自四品至七品不等，由波斯人或西域人担任。"萨宝"在中国史籍中也称为萨甫、萨保，其作用是掌管胡人聚居地区的宗教及行政[4]。

随着考古资料的逐渐丰富，对"萨宝府"的认知越来越清楚。譬如，曹怡的父亲曹遵便是萨宝府的车骑骑都尉。张庆捷先生已指出："萨宝府下设'车骑骑都

---

[1]　李崇志编著：《中国历代年号考》（修订本），中华书局，2001 年，第 93 页。义宁，隋恭帝杨侑年号（617～618 年）。按《旧唐书·高祖本纪》：大业十三年十一月"癸亥，率百僚，备法驾，立代王侑为天子，遥尊炀帝为太上皇，大赦，改元为义宁。"

[2]　张庆捷序，王仲璋主编：《汾阳市博物馆藏墓志选编》，山西出版传媒集团、三晋出版社，2010 年，第 001 页："唐永徽六年《曹君墓志》引起我的注意。这块墓志极为重要，墓主曹怡是'昭武九姓'中曹国后裔。曹国地望，在今乌兹别克斯坦的撒马尔罕西北，属汉唐粟特地区。北朝并州，到处都有人华粟特人，曹怡一家正是定居中原的粟特人。《曹君墓志》记载了其祖父曹贵、父曹遵及其官职。曹贵曾任北齐'壮武将军'，其父'皇朝介州萨宝府车骑骑都尉'，曹怡本人随李渊父子从晋阳起兵，'陪翊义旗，后殿前锋，殊功必致，于是授公骑都尉，用旌厥善。'一家三代从北朝到唐代，均为中低级武官。""通过对墓志的仔细分析，可以得到如下认识：1. 证明介州确实有萨宝府，与太原虞弘墓志记载的虞弘'大象末，左丞相府，兼领并、代、介三州乡团，检校萨宝府'正相吻合，并有力证明，当时在并州、代州和介州都有萨宝府。2. 萨宝府不单单负责入华中亚人的商业、居住、生活等事项，而且萨宝府下设'车骑骑都尉'等军职，负责与军事有关的事务。这些军职与虞弘墓志提到的'乡团'有关，职位由中亚人担当。3. 由曹怡祖父、父亲和他的经历来看，颇耐人寻味。其官职与祖父不同，不存在继承世袭关系；他父亲官职是'皇朝介州萨宝府车骑骑都尉'，他的官职是'骑都尉'，不清楚他的这个'骑都尉'是'萨宝府车骑骑都尉'的简称，或是萨宝之外的'骑都尉'。"

[3]　王仲璋主编：《汾阳市博物馆藏墓志选编》，山西出版传媒集团、三晋出版社，2010 年。

[4]　施安昌：《火坛与祭司神鸟》，紫禁城出版社，2004 年，第 29 页。

尉'等军职，负责与军事有关的事务。"并且，"由曹怡祖父、父亲和他的经历来看，颇耐人寻味。其父官职与祖父不同，不存在继承世袭关系。"以上的认识充分证明，隋唐时期的并、代、介三州确实存在过萨宝府，这样的萨宝府，不但管理胡人聚居地区的宗教及行政，还管理部分军事事务。

三　"骑都尉""车骑骑都尉"与"壮武将军"

"骑都尉"这一官职最早见于西汉高祖元年（公元前206年）《汉书·靳歙传》中："以建武侯靳歙为骑都尉。"[1] 西汉武帝以后，都尉有三种情形："一为皇帝的近侍官员，如奉车、骑马、骑都尉等；一为职事官员，如中央政府的水衡、搜粟、治粟等；一为郡国官员，如郡都尉，属国都尉。汉代以后，历代各有不同。有一种是赏给功臣的荣衔，如唐宋两代勋官中的轻车都尉、骑都尉等。"[2] 曹怡所任的"骑都尉"，很可能就是一种勋官。无独有偶，在太原小井峪村发现的龙润之子《龙义墓志》（657年）中就明确记载其被授为"骑都尉"一职[3]；而龙义之父龙润曾经担任过"萨宝府长史"，对龙润家族确定为西域粟特胡人无疑是最好的证据[4]。龙义所授的骑都尉，是武德七年位阶中的从五品勋官，应该是由同品级大业散官转换过来的。这样的现象，毕波在《中古中国的粟特胡人——以长安为中心》中有详细论述，可以参见[5]。

萨宝府下设的"车骑骑都尉"在目前的文献资料中仍然查不到，有可能是萨宝府中的一个职事官；或是萨宝府在隋末唐初便为军府，军府中设车骑将军；骑都尉归属车骑将军府属官。

"壮武将军"武散官名。梁置杂号将军。唐列入武散官。北宋前期为武散官二十九阶第七阶。正四品下[6]。南朝梁、陈有此号，与壮勇、壮烈等号为十壮。据《唐（贞观四年）故壮武将军豳州良社府统军广州都督府番禺府折冲都尉上柱国刘府君（行满）夫人弘农刘氏（媚）墓志铭并序》《大唐（天宝三年）故壮武将军右龙武军翊府中郎将武威郡史府君（思礼）墓志铭并序》，知道在唐代也存在此号[7]。曹怡墓志上记载其祖父曹贵为"齐壮武将军"，看来这一官职在北齐时期已经出现，对以往文献是一个补充。但从北宋时期壮武将军的品秩看，曹贵的职位较高，应在正四品之上。

---

[1] 龚延明主编：《宋代职官词典》，中华书局，1997年，第606页。

[2] 孙永都、孟昭星主编：《简明古代职官词典》，北京图书馆出版社，1987年，第37、38页。

[3] 陕西省古籍整理办公室编、吴钢主编：《全唐文补遗》第6辑，三秦出版社，1994～2005年，第293页。

[4] 陕西省古籍整理办公室编、吴钢主编：《全唐文补遗》第5辑，三秦出版社，1994～2005年，第216页。

[5] 毕波：《中古中国的粟特胡人——以长安为中心》，中国人民大学出版社，2011年，第102、103页。

[6] 《六典》卷五《兵部郎中》。龚延明主编：《宋代职官词典》，中华书局，1997年，第563页。

[7] 陕西省古籍整理办公室编：《全唐文补遗》（第五辑），三秦出版社，1998年，第256页。王仁波：《隋唐五代墓志汇编》（陕西卷）第1册，天津古籍出版社，1991～1992年，第128页。

四　隋末唐初昭武九姓中的"曹国"及"曹国人"

8世纪时新罗人慧超著有《往五天竺国传》，内称："安国、曹国、石国、石螺国、米国、康国……，此六国总事火祆，不识佛法，唯康国有一寺，有一僧，又不解敬。"《隋书·西域记》："曹国，都那密水南数里，旧是康居之地。国无主，康国王令子乌建领之。都城方三里，胜兵千余人。国中有得悉神，自西海以东诸国并敬事之。"……此六国乃火祆教流行之地，以康国为大，《新唐书·康国传》称其"大城三十，小堡三百。"……史书中记载的魏晋—隋唐时期曹国人比较出名者多为善弹琵琶的好手，如曹僧奴、曹妙达、曹保保、曹善才、曹纲等[1]。当时诗人刘禹锡听完曹纲弹的《薄媚》大曲后，发出了"人生不合出京城"的感叹；而诗人白居易则写下"谁人截得曹纲手，插入重莲衣袖中。"

据粗略统计，现今发现的曹姓确定为西域曹国人，基本可以分为以下几类：

（1）出土于陕西西安的唐开元十一年曹明照墓志[2]，曹明照为女性。

（2）著有军功的，如：隋代曹谅及妻安氏墓志[3]、唐代曹恽墓志[4]、唐代曹钦墓志[5]等；晚唐时期还有曹景林墓志、曹慧琳墓志[6]。

（3）曹姓胡商，如：曹炎延、曹禄山、曹果毅、曹毕娑等[7]。

（4）另外，还有一些曹姓的"作人"，如：曹野那、曹伏磨、曹延那等[8]。"作人"就是雇工，从出土的麴（qū）氏高昌王国时期到唐代西州时期的相关吐鲁番文书表明，他们明显是为异姓胡人服务的，其身份较低。

著有军功的曹恽（yùn）历任隋车骑将军、豫章都尉、臻州道行军总管；曹谅历任泾州酒城府鹰扬，其父为齐定州刺史；曹钦曾拜"正议大夫"，随李世民四处征战，功勋卓著。他们主要为武职，且为"元从"，也就是并州起兵的元老；与曹怡及祖辈颇为相似。

至于曹景林兄弟时代已进入晚唐，不在本文论述范围内。

---

[1]　龚方震、晏可家：《祆教史》，上海省会科学院出版社，1998年，第十四章《中国的祆教》第227页。刘再生：《中国古代音乐史简述》（修订本），人民音乐出版社，2006年，第348、336页，还记录有发明了减字谱记谱法的曹柔和赠予白居易琵琶谱的曹供奉等，虽然不能确指为西域曹国人，但就他们姓曹，并且也从事与西域乐器密切相关工作这一点来说，就十分重要，应该引起我们的重视。

[2]　荣新江、张志清主编：《从撒马尔罕到长安——粟特人在中国的文化遗迹》，北京图书馆出版社，2004年，第143页。

[3]　孙兰风、胡海帆主编：《隋唐五代墓志汇编》（北京大学卷），天津古籍出版社，1991～1992年版，第1册，第36页。

[4]　陕西省古籍整理办公室编、吴钢主编：《全唐文补遗》第1～8辑，三秦出版社，1994～2005年，第369页。

[5]　陕西省古籍整理办公室编、吴钢主编：《全唐文补遗》第3辑，三秦出版社，1994～2005年，第405页。

[6]　陕西省古籍整理办公室编、吴钢主编：《全唐文补遗》第1辑，三秦出版社，1994～2005年，第212、213页。

[7]　《吐鲁番出土文书》第三册，文物出版社，1996年，第242～247页；及《吐鲁番出土文书》第六册，文物出版社，1985年，第470～479页。

[8]　毕波：《中古中国的粟特胡人——以长安为中心》，中国人民大学出版社，2011年，第279、280页。

五　青釉龙柄鸡首壶和青釉梅瓶的年代

曹怡墓中出土了 2 件青釉瓷器十分特殊，初次看到它着实让人十分惊喜。

1. 北齐时期龙柄鸡首壶

首先这样的龙柄鸡首壶在以往山西考古发掘中多有出土，不但级别较高，且多为北齐时期（图 2-16）。如 1973 年山西祁县白圭镇北齐天统三年（567 年）韩裔墓[1]、1981 年山西省太原市王郭村北齐武平元年（570 年）娄睿墓[2]、2003 年山西省太原市北齐武平二年（571 年）徐显秀墓[3] 等；陕西省如西安市长安区韦曲北塬北魏永熙三年（534 年）韦乾墓[4]、陕西西安市纺织医院工地墓葬[5]；河北省如 1974 年河间县沙窝村墓葬[6]。但是仔细比较出土的这几件器物，除了陕西西安市纺织医院工地墓葬出土的龙柄壶与曹怡墓略似之外，其余与曹怡墓中出土的青釉瓷还是有着明显的区别。这是目前已知与北朝青釉龙柄鸡首壶器形上最接近的器物，所以，我们不能排除这件器物的生产年代可以到北齐或隋。

2. 青釉梅瓶时代

曹怡墓青釉梅瓶的时代更是特殊，因为墓葬的时代为唐永徽六年（655 年），这样，梅瓶的烧造时代肯定在此之前。然而，从现有的资料看梅瓶的时代多为唐末至北宋；这一点在廖宝秀先生的《梅瓶略史——梅瓶的器用及其器型的演变》[7] 一文中有着明确的论述。唯一可以与曹怡墓出土梅瓶比较研究的是陕西西安市北郊出土的白釉梅瓶[8]。曹怡墓中梅瓶的发现让我们有幸看到唐早期梅瓶高贵、雅致的身姿，也为梅瓶器型演变过程补充了关键的一环。

[1] 石金鸣主编：《中国出土瓷器全集·5山西》，科学出版社，2008年3月第1版第11页青釉龙柄鸡首瓶，北齐（550～577年），高37.5、口径9.8、底径10.6厘米。1973年山西祁县白圭镇北齐天统三年（567年）韩裔墓出土，现藏于山西博物院。

[2] 山西省考古研究所、太原市文物考古研究所：《北齐东安王娄睿墓》，文物出版社，2006年，彩版一一〇。石金鸣主编：《中国出土瓷器全集·5山西》，科学出版社，2008年，第14页青釉龙柄鸡首壶，北齐（550～577年），口径11、底径13、高50.5厘米。1981年山西省太原市王郭村北齐武平元年（570年）娄睿墓出土，现藏于山西博物院。

[3] 石金鸣主编：《中国出土瓷器全集·5山西》，科学出版社，2008年，第19页青釉龙纹鸡首壶，北齐（550～577年），口径12、底径12.7、高49.6厘米。2003年山西省太原市北齐武平二年（571年）徐显秀墓出土，现藏于山西博物院。

[4] 刘云辉、周奎英主编：《中国出土瓷器全集·15陕西》，科学出版社，2008年，第10页青釉四系鸡首壶，北魏（386～534年），口径12、底径13.5、高43.2厘米。陕西西安市长安区韦曲北塬北魏永熙三年（534年）韦乾墓出土，现藏于西安市文物保护考古所。

[5] 刘云辉、周奎英主编：《中国出土瓷器全集·15陕西》，科学出版社，2008年，第69页白釉双龙柄瓶，唐代（618～907年），口径6、底径8、高31.6厘米。陕西西安市纺织医院工地墓葬出土，现藏于西安市文物保护考古所。河北邢窑或河南巩义窑烧造。

[6] 河北省文物研究所编著：《珍瓷赏真——河北省文物研究所藏瓷选介》，科学出版社，2007年。图版说明，青釉龙柄鸡首壶，1974年河间县沙窝村墓葬出土，口径12.5、高50.5厘米。盘口，长颈，溜肩，深腹，平底。双龙形柄，鸡首形流，肩部安对称桥形系。胎质粗松，胎色青灰。釉色青中闪黄，有细碎开片。

[7] 廖宝秀：《梅瓶略史——梅瓶的器用及其器型的演变》，《故宫文物月刊》第十一卷第二期。

[8] 刘云辉、周奎英主编：《中国出土瓷器全集·15陕西》，科学出版社，2008年，第66页白釉梅瓶，唐代（618～907年），口径7、底径15.5、高33厘米。陕西西安市北郊出土，现藏于陕西历史博物馆。属河北邢窑烧造。

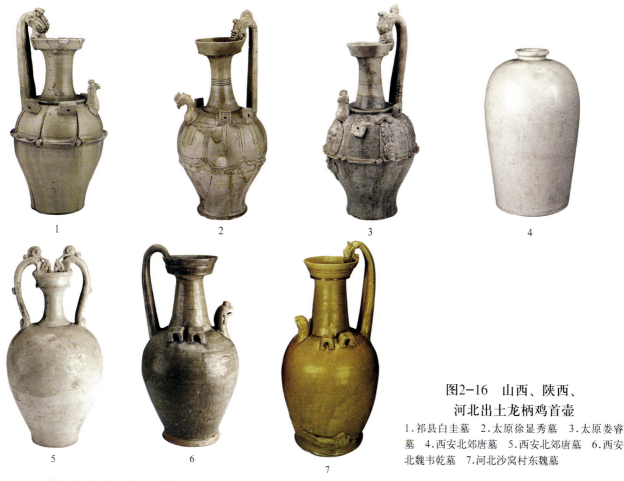

图2-16 山西、陕西、
河北出土龙柄鸡首壶

1.祁县白圭墓 2.太原徐显秀墓 3.太原娄睿
墓 4.西安北郊唐墓 5.西安北郊唐墓 6.西安
北魏韦乾墓 7.河北沙窝村东魏墓

3.曹怡墓志中几个特殊字、词的释读

曹怡的志文在王仲璋主编的《汾阳市博物馆馆藏墓志选编》中已对近二十个字、词进行了释读，除了上文中已论述过的"壮武将军""车骑骑都尉""骑都尉""萨宝府"之外，还有几个字词没有解读清楚。为此，我们重新加以注释，以作补充。

（1）懔俗音樂[1]。

（2）文王之昭：据《左传·定公四年》记祝佗说："曹，文之昭也；晋，武之穆也。"另《左传·僖公二十四年》记富辰说："管、蔡、郕、霍、鲁、卫、毛、聃、郜、雍、曹、滕、毕、原、酆、郇，文之昭也。"[2]曹怡为了更好融入唐人社会，便把与自己毫无关系的西周曹国姬姓周人当作自己的先世，这一点与当时的社会风气颇为吻合，值得玩味。

（3）"家著孝慈"为"家着孝慈"，"着"为"著"的俗写字；意为"彰显"[3]。

[1] （辽）释行均编：《龙龛手镜》（高丽本），中华书局，1985年，第63页。

[2] 杨伯峻编著：《春秋左传注》（修订本），中华书局，1990年第二版，第421页。

[3] 曾良：《隋唐出土墓志文字研究及整理》，齐鲁书社，2007年，第9、10、266~268页。

（4）"众"的古文有写作"廲"，与"庶"截然不同[1]。

（5）"粤于"一般为"粤以"，如仪凤二年《王宝墓志》："粤以其年十月十一日，将窆于翟村西北一里，礼也。"[2]

（6）"碔趺"：用来美称志石。上元三年《邓明墓志》："镌碔趺而记德，彰令问于千春。"[3] 元柳贯《待制集豫章楼铭》："陋儒属辞，实繁且芜，请命劖（chán）工，讬诸碔趺。"[4]

（7）"湌"与"飡"同为"餐"音。北魏《元顯（xiǎn）隽墓志》"颜子湌道，亦莫迈其後"；《元茂墓志》"使强良飡化"；《元详造像题记》"永愿母子长飡化年"。《说文》："湌，餐或从水。"[5]

（8）墓志中有两处空格并不是古人在摹刻过程中的遗漏，而是对重要的人和事表示尊敬，然后再接着抄录其他文字。这在古书中称为"阙"[6]。

（9）"景辰"应作"丙辰"。这样的称呼多见于隋唐两代，如："史书一年两号"条：史家变乱年号，始自《隋书》：大业十二年十一月景辰，唐公入京师，辛酉，遥尊帝为太上皇，立代王侑为帝，改元义宁。而下即书云："二年三月，右屯卫将军宇文化及等作乱，上崩于温室。"按此大业十三年，炀帝在江都，而蒙以代王长安之号，甚为无理。【杨氏曰】史家已云尊帝为太上皇矣，岂有以太上皇而纪年号者乎？近者言之不顺，故必冠以义宁也。作史者唐臣，不得不尔。然于《炀帝纪》书十三年，于《恭帝纪》书二年，两从其实，似亦未害[7]。《新唐书》卷一《本纪第一》载："（大业十二年）十一月丙辰，克京城。命主符郎宋公弼收图籍。约法十二条，杀人、劫盗、背军、叛者死。癸亥，遥尊隋帝为太上皇，立代王为皇帝。大赦，改元义宁。"[8] 两条史料均出自正史，对"克京师"的时间记录比较一致，这里的"景辰"应该就是"丙辰"的一音之转。同样的史料在《隋书》卷一《纪志第一》："（义宁）二年，右屯卫将军宇文化及，……，鹰扬郎将孟景，……，以骁果作乱入犯宫闱。上（炀帝）崩于温室，时年五十。"校勘记：【二三】孟景"景"应作"秉"。唐人讳"昞"，因"秉""昞"同音，遂改"秉"为"景"[9]。这样说景辰为丙辰确认无疑了。

然而，查《中国史历日和中西历日对照表》[10] 发现隋炀帝大业十二年十一月只有"癸亥"，没有"丙辰""辛酉"等历日。看来《正史》的历日记录存在偏差，顾炎武的判断十分正确。不过，这对"景辰"一词的释读没有影响。

[1]　（辽）释行均编：《龙龛手镜》（高丽本），中华书局，1985年，第301页"广部去声"。
[2]　周绍良、赵超主编：《唐代墓志汇编》，上海古籍出版社，1992年，第632页仪凤010。
[3]　周绍良、赵超主编：《唐代墓志汇编续集》，上海古籍出版社，2001年，第221页上元016。
[4]　姚美玲：《唐代墓葬词汇研究》，华东师范大学出版社，2008年，第105页。
[5]　陆明君：《魏晋南北朝碑别字研究》，文化艺术出版社，2009年，第160页。
[6]　曾良：《隋唐出土墓志文字研究及整理》，齐鲁书社，2007年，第22、23页。
[7]　（清）顾炎武著，黄汝成集释，秦克成点校：《日知录集释》卷二十，岳麓书社，1994年，第716页。
[8]　（宋）欧阳修、宋祁撰：《新唐书》卷一《本纪第一》，中华书局，1975年，第9页。
[9]　（唐）魏征等撰：《隋书》卷一《纪志第一》，中华书局，1973年，第98页。
[10]　方诗铭、方小芬编著：《中国史历日和中西历日对照表》，上海人民出版社，2007年，第393页。

叁　太原龙氏家族墓志

龙真（太原市文物保护研究院）　王俊（山西省考古研究院）

第一节　西域古国之焉耆

　　焉耆位于塔里木盆地东北部，既是经由吐鲁番、鄯善、托克逊盆地进入塔里木盆地的要隘，又是从天山北部南下的门户，无论对唐朝还是突厥，都有重要的战略意义。在唐朝进入西域前，焉耆就因为与泥孰派西突厥的特殊关系，与唐朝保持友好交往。贞观四年（630 年）唐朝进军高昌时，焉耆王曾发兵亲自到军门请谒，唐朝归还了被高昌劫掠的焉耆人口，双方关系进一步密切。但是在高昌战役后不久，焉耆就在西突厥的胁迫下断绝与唐朝的往来。史见《旧唐书·焉耆传》："（贞观）十二年，处月、处密与高昌攻焉耆，掠男女一千五百人，焚其庐舍而去。……其年（十四年），西突厥重臣屈利啜为其弟娶焉耆王女，由是相为唇齿，朝贡遂绝。"[1]

　　焉耆国，在车师南，都员渠城[2]，白山南七十里，汉时旧国也。去代一万二百里。其王姓龙，名鸠尸卑那，即前凉张轨所讨龙熙之胤。所都城方二里，国内凡有九城。国小人贫，无纲纪法令。兵有弓刀甲稍（shuò）。婚姻略同华夏。死亡皆焚而后葬，其服制满七日则除去。丈夫并剪发以为首饰。文字与婆罗门同。俗事天神，并崇信佛法。尤重二月八日、四月八日，是日也，其国咸依释教，斋戒行道焉。气候寒，土田良沃，谷有稻粟菽麦，畜有驼马。养蚕不以为丝，唯充绵纩。俗尚葡萄酒，兼爱音乐。南去海十余里，有鱼盐蒲苇之饶。东去高昌九百里，西去龟兹九百里，皆砂碛；东南去瓜州二千二百里[3]。

　　《晋书·吕光载记》称吕光伐龟兹，军抵焉耆，"其王泥流率其旁国请降"，说明当时焉耆确有其势力范围，泥流所率"旁国"，即其属国[4]。

---

[1] 吴玉贵：《突厥汗国与隋唐关系史研究》，商务印书馆，2017年，第267页。

[2] 韩翔：《焉耆国都、焉耆都督府治所与焉耆镇城——博格达沁古城调查》，《文物》1982年第4期。陈戈：《焉耆尉犁危须都城考》，《西北史地》1985年第2期。余太山先生认为没有证据表明汉晋间焉耆都城位置有所变动，且近博斯腾湖；参见余太山：《汉晋正史"西域传"所见西域诸国的地望》，此不赘言。

[3] 余太山：《〈魏书·西域传〉原文考》，《两汉魏晋南北朝正史西域传研究》（上、下），商务印书馆，2013年，第101～104页。

[4] 余太山：《两汉魏晋南北朝时期西域南北道的绿洲大国称霸现象》，《两汉魏晋南北朝正史西域传研究》（上、下），商务印书馆，2013年，第606页。

《晋书·西戎传》："武帝太康中，其（焉耆）王龙安遣子入侍。安夫人狯胡之女，妊身十二月，剖肋生子，曰会，立为世子。"饶宗颐先生认为"这是因为肋生传说是印欧语系民族神话中特有的形态"[1]。"其俗丈夫剪发，妇人衣襦，著大裤"。

《周书·异域传下》：于阗国内"有大城五，小城数十"，焉耆"部内凡有九城"，所谓城，有一些便是被兼并小国的王治[2]。

《资治通鉴》卷一九九：高宗为再现太宗生前"四夷宾服"的状况，蛮夷君长为先帝所擒伏者颉利等14人，皆琢石为其像，刻名列于北司马门。其中便有焉耆王龙突骑支[3]。高宗继位后，又"诏加突骑支右武卫将军，遣还国，复其王位"。

第二节　龙氏家族墓志

1984年9月30日，小井峪村南的太原平板玻璃厂工地发现唐代墓葬。10月，太原市文物管理委员会考古发掘砖室墓10余座，墓葬除个别保存完好外，大多残损严重。墓葬共出土墓志6块，分属龙氏家族四代人，记述龙氏家族从北齐到唐代中叶几代人的仕宦经历。

一　龙君（讳润）墓志

龙君（讳润）墓志1盒（夫人何氏永徽六年（655年）合葬）。志盖盝顶，四刹素面，顶部篆书四字"龙君墓志"。志石56厘米见方，正书，22行，满行21字，计447字（图3-1、2）。

1.龙君墓志

君讳润，字恒伽，并州晋阳人也。白银发地，巍嵓□（乃）□（蟠）龙 / 之山，祖先感其谲诡，表灵异而称族；凿空鼻始，爰自少 / 昊之君，实录采奇，继以西楚之将。及汉元帝，显姓名于 / 史游，马援之称伯高，慕其为人，敬之重之；《晋中兴书》特 / 记隐士子伟，以高迈绝伦，并异代英贤，郁郁如松、硌硌 / 如玉者也。■曾祖康基，高齐青莱二州刺史；疆场邻比，/ 风化如一。■祖盆生，元魏冀州刺史；得绥抚之望，朝廷 / 嘉美，进号仪同。父求真，周光有天下，举先岩穴，就 / 拜 / 仪同三司。君属隋德道消，嘉遁贞利，资业温厚，用免驱 / 驰。唐基缔构，草昧区夏，义旗西指，首授朝散大夫，又署 / 萨宝府长史。贞观廿年，春秋寥廓，已八十有余。■■■ / 驾幸晋阳，亲问耆老，■诏板授辽州刺史。于时须冀皓 / 白，若园绮之重生；服饰朱紫，似齐人之独出，盛修第宇，/ 傱偒南阳樊重之家；子孙

[1] 饶宗颐：《中国古代"肋生"的传说》，《燕京学报》新第3期（1997年），北京大学出版社。

[2] 余太山：《两汉魏晋南北朝时期西域南北道的绿洲大国称霸现象》，《两汉魏晋南北朝正史西域传研究》（上、下），商务印书馆，2013年，第607页。

[3] 相关发现可以参见李全、石根：《昭陵祭坛勘查整理后记》，《唐太宗与昭陵》，陕西省社科院出版社，1985年。

图3-1 龙润墓志盖拓片局部

就养，仿像西晋安仁之孝。妍 / 歌妙舞之乐，常在闻见之中；肥醲甘脆之馔，不离左右 / 之侧。颜色怡怡，尝无疾苦，百年上寿，匠欲及之，有始必 / 终，夫复何患。永徽四年九月十日，薨于安仁坊之第，春 / 秋九十有三。潜灵殡室，待吉邀时，永徽六年二月廿日 / 附身附椁，必诚必信，送终礼备，与夫人何氏合葬于并 / 城北廿里井谷村东、义井村北，刊石志事，置诸泉户。其 / 词曰：■■粤志幽隧，龙氏之 / 坟，生居富寿，殁处丰殷。用 / 物精多，固有灵魂，万事斯毕，天道宁论！ /

2.字词释读

（1）巍嵓：与"嵬嵓"同义，皆山高大貌。

（2）晋中兴书：《晋中兴书》是（南朝宋）何法盛所撰纪传体史书，记东晋一代事迹。七十八卷，一作八十卷。

（3）隐士子伟：墓志中称《晋中兴书》所记。是龙润墓志对其祖先的追记，以显示其为中原氏族，与龙姓来自少昊的说法一样，不足凭信。

（4）岩穴：山洞，后以岩穴之士代指隐士。

（5）萨宝府长史：萨宝府，一般认为是北朝至隋唐时期为了管理入华胡人而设的机构；萨宝视为流外官，专门由胡人首领担任[1]。《旧唐书·职官志》"流内九品三十阶，又有视流内起居，五品至从九品。初以萨宝府、亲王国官及三师、三公、开府、嗣郡王、上柱国已下护军已上勋官、带职事者府官等品。开元初，一切罢之。"长史，因在开元初以前，萨宝府地位显赫，与亲王府官等同等地位，其中便设长史。唐代之州郡长史有两种：一为大都督府长史，为三品官；一为州刺史下之长史，则为五品官，职任亦甚重[2]。

[1] 荣新江：《隋及唐初的萨宝府及粟特聚落》，《文物》2001年第4期。

[2] 孙永都、孟昭星：《简明古代职官辞典》，北京图书馆出版社，1987年，第235页。

图3-2　龙润墓志石拓片

（6）肥醲甘脆：醲：指酒性浓烈；甘脆：美味。味美的食物。泛指美好的酒食。出自西汉·刘安《淮南子·主术训》："肥醲甘脆，非不美也，然民有糟糠、菽、粟不接于口者，则明主弗甘也。"

二　龙君（讳义）墓志

龙君（讳义）墓志1盒，大唐故骑都尉龙君墓志铭（夫人游氏龙朔三年（663年）合葬——龙润之子）。志盖盝顶，四刹素面，顶部篆书四字"龙君墓志"。志石长56.5、宽56厘米，方格界面，正书，22行，行19至23字，计472字（图3-3、4）。

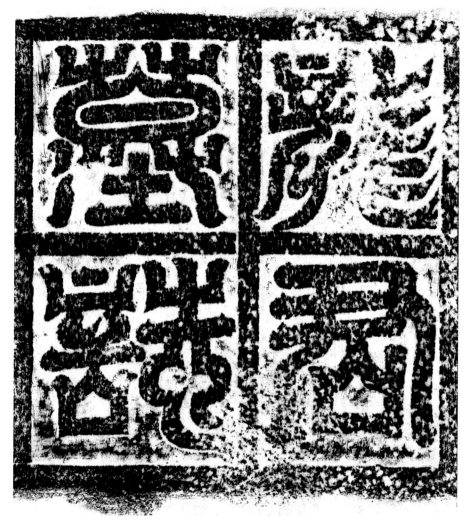

图3-3 龙义墓志盖拓片局部

1.大唐故骑都尉龙君墓志铭

　　君讳义，字怀亮，晋阳人也。枝分唐日，构旋极以承家；业著／夏年，因御龙而命氏。遥源□构，可略而言。曾祖康基，齐上／开府仪同三司，中书舍人；祖□（求，据《龙润墓志》补）真，周黎阳总管府鹰扬；或／飞缨凤沼，德茂前星；或弹压关河，爪牙斯在。父恒伽，■■／皇朝授辽州刺史；□□（清流）懿范，标榜人伦，茂实嘉猷，激扬乡／誉。公禀灵如射，资气□□，早树嘉声，幼标通理。属■■■／太君豹变，早预攀龙，特降隆恩，授公骑都尉。方当陪祠日／观，聆万岁之声；扈从游汾，咏秋风之□。高□莫从，奄然长／谢，以显庆二年十一月六日终於私第，春秋六十有一。夫／人游氏，广平贵族，卿相盛门，□合哲人，□□□□；懿哉芳／树，俟尔先凋。譬彼双鸾，存亡忽异；方斯□□，□后俱沉。贞／观十九年十一月廿日而卒。以大唐龙朔三年岁次癸亥／二月乙酉朔十二日景申，合葬於晋阳城北廿里堀山之／原，礼也。嗣子行□（参）等，茹慕纯深，几

将灭性，泪下凋松，声凄 / 罘祖。恐陵移壑徙，徽烈靡传，爰勒贞珪，式□（昭）
不朽。其词曰：/ 极天峰峻，带地流长，蝉联杞梓，并叶琳琅。祖班岳牧，考列 /
文昌，勋铭钟鼎，绩著旗裳。其一。载诞哲人，实惟门祉，优游道 / 义，猎略文
史。运属龙飞，时逢鹊起，鸣玉乡亭，锵金州里。其二。/ 玉叶先凋，金枝早落。
室余龙锦，机残绮鹤。芜没琴台，□寥 / 筝阁。百身易殒，千金难作。其三。灵輴
动轫，赗马嘶原，玄扃长 / □，黄庐镇昏，风悲□□，□□□□，□惊山鸟，空呼
□魂。其四。/

　　2. 字词释读

　　（1）飞缨凤沼：飞缨指飘着的冠带。凤沼指凤凰池，也指超凡的境地。

　　（2）前星：太子。《汉书·五行志》记：昭公十七年"冬，有星孛于大辰"。

图3-4　龙义墓志石拓片

董仲舒以为大辰心也，心为明堂，天子之象。后王室大乱，三王分争，此其效也。刘向以为，星传曰"心，大星，天王也。其前星，太子；后星，庶子也。"[1]《新唐书·玄宗本纪》："延和元年，星官言：'帝坐前星有变。'睿宗曰：'传德避灾，吾意决矣。'七月壬辰，制皇太子宜即皇帝位。"[2]《新唐书·天文志》："乾元元年五月癸未，月掩心前星，占曰'太子忧'。"[3]

（3）弹压关河：弹压指镇压、制服。关河指关塞、关防。泛指山河。

（4）骑都尉：一般元从的勋爵。参见曹怡墓志"骑都尉"的字词解读。

（5）景申：即丙申，避唐高祖李渊之父李昞的讳。参见曹怡墓志"景辰"字词释读。

三　龙君（讳澄）墓志

龙君（讳澄）墓志 1 盒（龙朔元年（661 年）葬——龙润之子）。志盖盝顶，四刹素面，顶部篆书四字"龙君墓志"。志石 50 厘米见方，方格界面，正书，21行，行 18 至 21 字，计 416 字（图 3-5、6）。

图3-5　龙澄墓志盖拓片局部

[1]　（汉）班固：《汉书》卷二十七下之下，五行志第七下之下，中华书局，1964年，第1513页。

[2]　（宋）欧阳修、宋祁：《新唐书》卷五，本纪第五，中华书局，1975年，第121页。

[3]　（宋）欧阳修、宋祁：《新唐书》卷三十三，志第二十三，中华书局，1975年，第856页。

1.龙君墓志

君讳澄，字玄靖，陇西牛心郡人也。昔缙云命官，引苍 / 精而纪号；刘累掌豢，因鳞长以开宗。资此二源，遂光 / 千叶，若乃殷业云季，逢固节以扶危；楚霸将倾，且捐 / 躯而殉敌。祖真，隋任鹰扬；父伽，■皇朝以宿德年高，/ 板授辽州刺史；清规懿范，标牓人伦，茂实嘉猷，激扬 / 乡誉。君分球吐润，折桂腾芳，绮服翔英，青襟擢秀，游 / 书猎藻，讬剑奔奇，以武艺见知，擢任西明府旅帅。君 / 奉上以礼，统下以方。遂属凶奴未宁，从军北讨，既而 / 功清瀚海，雾廓龙庭，论绩策勋，授骁骑尉，寻转任校 / 尉。君志虽温柔，行乃贞厉，耻居下职，思效深功。乃厕 / 纶言，宣风绝域。已穷定远之境，方成博望之功。既而 / 崐岳途遥，玉门难返，乃属狂凶纵虐，狡寇傍侵，固守 / 穷城，以一当万，道殚援绝，执节而终，

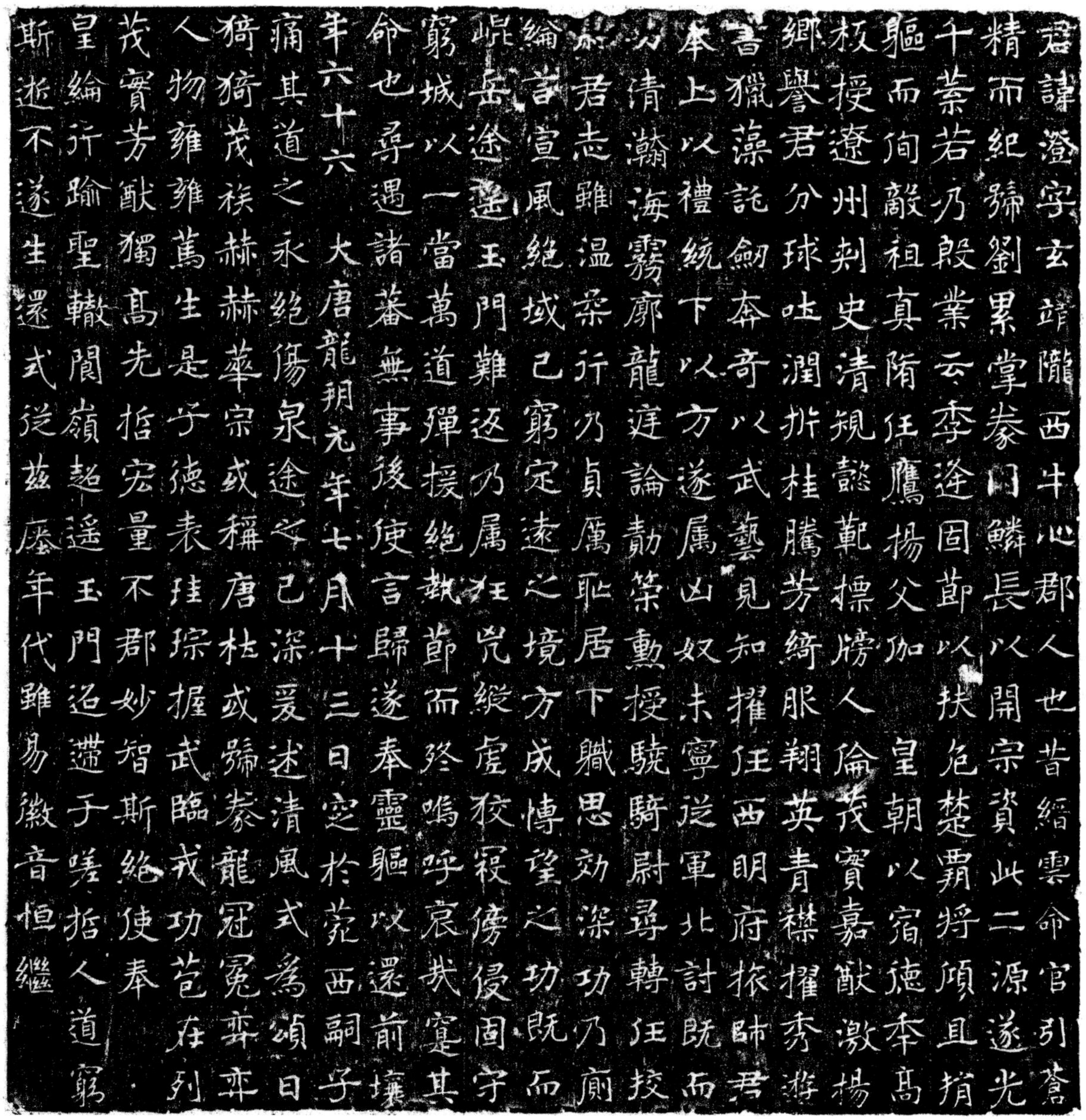

图3-6　龙澄墓志石拓片

呜呼哀哉！实其／命也。寻遇诸蕃无事，后使言归，遂奉灵躯，以还前壤，／年六十六。■大唐龙朔元年七月十三日窆于茕西。嗣子／痛其道之永绝，伤泉途之已深，爰述清风，式为颂曰：／猗猗茂族，赫赫华宗，或称唐杜，或号豢龙。冠冕弈弈，／人物雍雍，笃生是子，德表珪琮。握武临戎，功苞在列，／茂实芳猷，独高先哲。宏量不郡，妙智斯绝，使奉■■／皇纶，行蹈圣辙。阆岭超遥，玉门迢遽，于嗟哲人，道穷／斯逝。不遂生还，式从兹瘗，年代虽易，徽音恒继。／

2.字词释读

（1）陇西牛心郡：在古今地书上未查到牛心郡。推测墓志文中书写错误。应该是陇西牛心人。秦、东汉、三国魏置有陇西郡，狄道县为治所；西晋时青海西宁市为西平、金城、陇西三郡地[1]。陕西考古研究院藏天宝十年（751年）皇甫晋卿《唐陇西郡夫人李氏墓志》，可见唐代还是有陇西郡；这也被传世文献印证，如王仲荦《敦煌石窟地志残卷考释》中《唐天宝初年地志残卷》：陇西郡渭州下：襄武四乡、陇西三乡、彰三乡、渭源四乡[2]。牛心，是县还是乡，目前不能确指。

（2）逢：关龙逢，关又作豢，是古代豢龙部族的后代。夏桀之臣。

（3）西明府旅帅：今太原市西山脚下有西铭村，位于唐代晋阳城西北约13千米，应与唐西明府有关[3]。

（4）瀚海：瀚海为蒙古大沙漠的泛称，也借指北方少数民族国家。

（5）龙庭：龙庭是匈奴单于祭天地鬼神之所，古人多以龙庭借指匈奴、突厥。

（6）定远：定远为班超之代称。博望：博望是张骞之封号。

（7）骁骑尉：隋开皇六年始置六品以下散官，并以郎为正阶，尉为从阶。……正七品上为朝请郎，下为骁骑尉[4]。山西长治曾出土高宗永徽五年（655年）《唐故骁骑尉杜君墓志铭》，殷宪先生认为墓主人所任"银青光禄大夫、四品阶的骁骑尉是实职"，恐怕结论有误[5]。

（8）校尉：《新唐书·兵志》："府置折冲都尉一人，左右果毅都尉各一人，长史、兵曹、别将各一人，校尉六人。士以三百人为团，团有校尉。"[6]此校尉也应为西明府校尉，在太原市太山龙泉寺唐代舍利石函上刻有供养人为西明府兵曹、长史。

（9）纶言：《礼记·缁衣》："王言如丝，其出如纶；王言如纶，其出如綍。"郑玄注："言言出弥大也。"后因以"纶言"为帝王诏令的代称。

（10）茕西：地名待查，推测在今小井峪村附近。

---

[1] 薛国屏编著：《中国古今地名对照表》，上海辞书出版社，2010年，第561、565、566、581页。

[2] 王仲荦：《敦煌石窟地志残卷考释》，中华书局，2007年，第2页。

[3] 诸府旅帅：从八品上阶，卫官。《武德令》《乾封令》，诸府旅帅，正七品下。《新唐书·高祖本纪》诸卫折冲都尉府……校尉五人，从七品下。旅帅，十人，从八品上；《唐六典》相同。

[4] （唐）李林甫等撰，陈仲夫点校：《唐六典》尚书吏部卷第二，中华书局，2014年，第31页。

[5] 殷宪：《唐故骁骑尉杜君墓志铭简述》，《中国书法》2005年第10期。

[6] （宋）欧阳修、宋祁：《新唐书·兵志》卷五十，1975年，第1325页。

四　龙君（讳敏）墓志

龙君（讳敏）墓志 1 盒，唐故处士龙府君墓志铭■并序（开耀元年（681 年）葬——龙润之子）。志盖盝顶，四刹饰卷草纹，顶部篆书四字"龙君墓志"。志石长 52、宽 52.5 厘米，方格界面，正书，22 行，满行 22 字，第 20 行 24 字，计 467 字。（图 3-7、8）。

1.唐故处士龙府君墓志铭■并序

君讳敏，字玄达，南阳鲁县人也。自豳川命袟，梁国承家，冠 / 盖溢于朱门，弓冶详于素牒，兰芬桂馥，可得而言。曾祖基，/ 齐左千牛府郎将，荣参列戟，望重司阶。祖真，周显州司马。/ 父恒伽，隋辽州长史，韶襟日蔼，逸韵霞轩。资茂范于题舆，/ 鼓芳猷于半刺。青田潟露，孕千里之仙仪；丹穴临风，含九 / 色之丽

图3-7　龙敏墓志盖拓片

象。君荆山玉种，汉水珠胎，学擅鸿都，文高凤苑。仁 / 以待物，信以基身。孝敬本乎天资，忠贞期于没齿。幼而声 / 华振俗，不以名利干时，婆娑里闬之间，偃寒风尘之外。家 / 传别业，觌金谷之初开；门接宾郊，逢玉厨之始阖。孟尝君 / 之爱士，车马云趋；李司隶之通人，簪缨雾集。琴歌纵赏，风 / 月怡颜，乘积庆于辅仁，故优游而卒岁。虽铜壶促景，宁将 / 北帝之期；而玉釜销香，忽阒西王之术。以开耀元年十二 / 月三日，卒于永安之私第，春秋七十有九。呜呼哀哉！夜壑 / 迁舟，神峰落构，地息贤人之气，天沉处士之星。即以其月 / 廿日，权厝于晋阳金城之西北原，礼也。龟谋献兆，马鬣开 / 封，滕骖思而原野空，扬乌悲而云日晚。有子神智等，茹荼 / 增感，援柏缠哀，恐陵谷之将移，庶雕镌于不朽。其词曰■： / 琼基迥构，玉叶垂芳，乃祖乃父，为龙为光。狷欤茂学，挺秀 / 含章，云飞翰苑，日丽文场。其一。荀乡晦迹，郑里嬉游，始忘机于 / 养素，俄阅水而迁舟。萧条阔宇，寂漠松楸，佳城月思，寒陇 / 云愁。纪雕玫于不朽，垂万古于芳猷。 /

2. 字词释读

（1）齐左千牛府郎将："千牛，刀名。后魏有千牛备身，掌执御刀，因以名职[1]。北齐千牛备身属左右将军。"[2]"左、右千牛卫，大将军各一人，正三品；将军各一人，从三品；中郎将各二人，正四品下（北齐有左右备身正、副都督，并四品上。隋炀帝置备身郎将一人，皇朝置中郎将各二人也。）。"[3]

（2）周显州司马：这里的"周"当指"北周"；显州，寄治汾州六壁城，今山西孝义县西南十五里。后魏永安中置，治汾州六壁城……北周灭北齐，齐侨置于并、肆、汾州界内之六州，先后并废[4]。

（3）里闬：代指乡里。"里闬"与"台省"对举，用来写乡里与朝堂的影响。

（4）李司隶：李膺，字元礼，颍川郡襄城县（今属河南省襄城县）人。东汉时期名士、官员，太尉李修之孙、赵国相李益之子。出任司隶校尉时，能使宦官震恐。李膺位列"八俊"之首，有"天下模楷"之称。

（5）题舆：东汉周景任豫州刺史时，尝辟陈蕃（字仲举）为别驾。蕃辞不就。景题别驾舆曰："陈仲举座也。"不复更辟。蕃惶惧，起视职。事见《太平御览》卷二六三引三国吴谢承《后汉书》。后遂用作典故，以"题舆"谓景仰贤达，望其出仕。

（6）半刺：指州郡长官下属的官吏，如长史、别驾、通判等。

（7）晋阳金城：墓志出土于今太原市万柏林区小井峪村附近，也就是其他龙氏墓志中所说的"井谷村"。金城，据和艳芳考证为"金胜村"；然今"金胜村"

---

[1]　（南朝）谢绰《宋拾遗》中有千牛刀，即人君防身刀也。齐尚书杨玉夫取千牛刀杀苍梧王是也。其义盖取庄子云："庖丁为文惠君解牛十九年，所割者数千牛，而刀刃若新发于硎。"因以为备身刀名。

[2]　（唐）杜佑撰，王文锦、谢方等点校：《通典》，职官，卷二十八，左右千牛卫条，中华书局，2018年，第784页。

[3]　（唐）李林甫等撰，陈仲夫点校：《唐六典》诸卫府卷二十五，诸卫折冲都尉府条，中华书局，2014年，第641页。

[4]　王仲荦：《北周地理志（上下）》，中华书局，1980年，第1150～1152页。

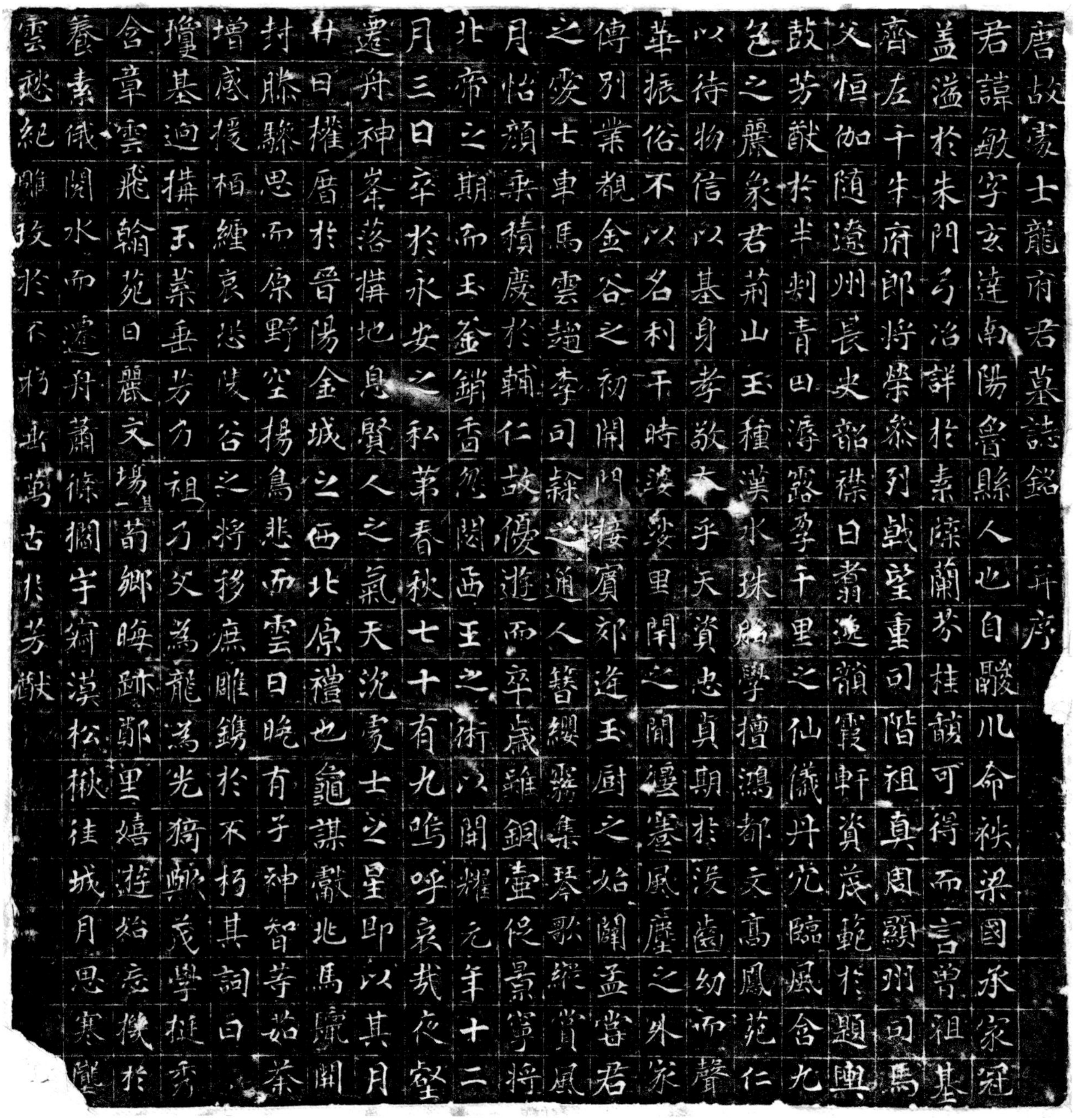

图3-8　龙敏墓志石拓片

属晋源区，与小井峪相距约 7 千米，恐怕并非一处[1]。

五　龙君（讳寿）墓志

龙君（讳寿）墓志 1 盒，大周故龙府君、夫人（粟氏）墓志并序（延载元年（694 年）葬——龙润之孙）。志盖盝顶，四刹饰卷草生肖纹，顶部篆书四字"龙

[1]　和艳芳：《唐墓志所见山西乡里山水名研究》，西南大学 2017 年硕士学位论文，第 18 页。

图3-9　龙寿墓志盖拓片

君墓志"。志石57厘米见方，方格界面，正书，24行，满行24字，计534字。（图3-9、10）。

1. 大周故龙府君夫人墓志并序

君讳寿，字孝德，南阳鲁人也。自酆川命袟，梁国承家，冠盖溢于／朱门，弓冶详于素牒，兰芬桂馥，可得而言。■■曾祖真，周任显／州司马；弘规撒鄣，翼化寰帷。■■祖恒伽，隋辽州长史。■■■／父世义，唐元从仪同；韶襟日肃，逸韵霞轩。资茂范于题舆，鼓芳／献于半刺。青田溽露，孕千里之仙仪；丹穴临风，含九色之丽象。／君荆山玉种，汉水珠胎，学擅鸿都，文高凤范。仁以待物，信以基／身。孝敬本乎天资，忠贞期于没齿。幼而声华振俗，不以名利干／时，婆娑里闲之间，偃蹇风尘之外。家传别业，觌金谷之初开；门 / 接宾郊，逢玉厨之始阐。
孟尝君之爱士，车马云趋；李司隶之通 / 人，簪缨雾集。琴歌纵赏，风月怡颜，乘
积庆于辅仁，故优游而卒 / 岁。虽铜壶促景，宁将北帝之期；而玉釜销香，忽阒西
王之术。以 / 延载元年六月廿三日，卒于私第，春秋六十有八。夫人粟氏，温 / 柔
禀质，贞顺居心，撤荐留宾，移邻诲嗣。沉情劝学，方累织于龙 / 梭；雅量知音，
晓绝绽于凤轸。德音犹备，魂气俄超，以总章二年 / 三月二日，卒于私第，春秋
卅。呜呼哀哉！夜壑迁舟，神峰落构，地 / 息贤人之气，天沉婺女之星，即以延载

图3-10　龙寿墓志石拓片

元年八月廿一日，合葬 / 于交城县井谷村东平原，礼也。龟谋献兆，马鬣开封，滕骖思而 / 原野空，扬鸟悲而云日晚。有子思叡等，茹荼增感，援柏缠哀，恐 / 陵谷之将移，庶雕镌于不朽。其词曰：■■■■■■■■■ / 琼基迥构，玉叶垂芳，乃祖乃父，为龙为光。猗歟茂学，挺秀含章，/ 云飞翰苑，日丽文场。其一。荀乡晦迹，郑里嬉遊，始忘机于养素，俄 / 阅水而迁舟。萧条阔宇，寂漠松楸，佳城月思，寒陇云愁。纪雕玫 / 于不朽，垂万古于芳猷。/

2.字词释读

（1）元从：自始即相随从的人。这里指追随李渊起兵反隋的人。

（2）交城县井谷村东：我们以为唐总章至延载年间，井谷村归交城县。此交城县与现吕梁市交城县并非一处。查《永乐大典方志辑佚》："交城，按《晋阳志》云：交城盖唐畿内之城也，本汉晋阳县之西境，北齐于此置牧官。隋开皇十六年析置交城县，属并州，因县界西北有古交城为名。故县在今县东北九十五里，居汾水孔水交流之际，故曰交城，去古太原之西七十里"[1]。

龙寿墓志中有很大的篇幅抄袭自龙敏墓志，龙寿墓志共 521 字，志文不完全统计共约 350 余字与龙敏墓志基本相同，两方墓志下葬时间相距 13 年，字体相似，可能出自一人之手。

六　大唐龙君（讳叡）墓志

大唐龙君（讳叡）墓志 1 盒，唐故处士上柱国龙君墓志铭（夫人张氏开元二十九年合葬（741 年）——龙润之重孙）。志盖盝顶，四刹饰兽首人身十二生肖，顶部楷书四字"大唐龙君"。志石 53 厘米见方，行书，20 行，行 21 至 29 字，计 476 字。（图 3-11、12）。

1.唐故处士上柱国龙君墓志铭并序

庆传无穷，德嗣不陨者有矣夫，越龙侯见之矣。君讳叡，/ 字思叡，晋阳人也。昔裔■祖豢龙于虞，赐姓曰董；大宗御龙 / 于夏，命氏曰龙，雄崇宝阀，光赫图牒。暨德之以乐匡大汉，且之以 / 武佐西楚，伯高亢节，叔达安贞，偕锵锽前闻，可得而略矣。■祖讳恒，辽 / 州刺史，河润九里，百城风靡，以良刺驰声；大父世义，朝散郎；才兼卜 / 张，富埒陶白，以雄豪自处；考讳■孝德，有骁敢，以勇闻，屡拜戎捷，策勋 / 上柱国。以节立而退。君少而冲淡，长而简素，神韵秀彻，博学宏通，不 / 钓名，不干禄，倏然物外，邈与道游。所谓贵于丘园，隐居以求志者也。至若 / 率礼自躬，正容悟物，士子以之道长，邦邻以之化睦，仰模前哲，垂范后 / 昆，固陶唐之遗老，河汾之重宝矣。始以应运降德，终以乘化俦幽，享寿 / 八十有六，委和私第，即开元廿九年岁在辛巳，暮春三月巳三日。少微寝光

[1] 王瑞来、柳宪：《永乐大典方志辑佚》，中华书局，2004 年，第 94 页。

图3-11　龙叡墓志盖拓片

/于上，隐沧流恸于远，岂直野不馌、邻不相而已哉。夫人清河张氏，有齐庄/之德，随运先终，春秋七十有六。其年闰四月十六日，合祔葬于井谷村/东北原，礼也。嗣子七，牸牸连采，至孝纯一，羸立苫次，殆不胜丧，虽参/其绝，酱柴也清血，曾何喻焉。惧莱洲之必迁，悼松郭之/潜变。寄词墨客，刊德树声。铭曰：

■■■■■■■■■/硕人惜惜，潜盘令音，德既俭兮陆以沉，人之镜兮国之/深。半千遥兮下寿疾，违昭代兮晏玄室。哲其亡兮云何津/，唐山左汾水，松薥凉/兮日迷昼，翳（yì）魂于中，与天地兮□究□。/

2.字词释读

（1）戎捷：指战利品。

（2）羸立苫次：羸，羸弱、瘦弱。苫次即苫庐，指居亲丧的地方。

图3-12　龙叡墓志石拓片

七　大唐龙府君（韦庭玮）墓志

大唐故庆州华池县令杜陵龙府君（韦庭玮）墓志铭并序墓志1盒（图3-13）[1]。

[1]　赵君平、赵文成编：《河洛墓刻拾零》，北京图书馆出版社，2007年，第332、333页。

1

2

图3-13　龙庭玮墓志拓片
1.龙庭玮墓志文　2.龙庭玮墓志盖

1.大唐故庆州华池县令杜陵龙府君（讳庭玮）墓志铭并序

维天宝元年，岁在壬午正月九日，杜陵龙府君卒。呜呼哀 / 哉！君讳庭玮，字庭玮，太原人也。龙氏之先，出自帝尧。左传 / 襄廿四年，论之详矣。九代祖信，仕北齐，自咸阳徙于唐，故 / 为晋阳人。祖，合州别驾达；父，南和县令智。并知名于代。公 / 豁达大度，敦质寡欲。仁而好施，宽而容众。远近称之。尤善 / 阴阳大数。至于总众伎之微妙，精群典之秘奥。固天纵之 / 多能，岂不试而故艺矣。以良家子授陇州龙盘府别将。非 / 其所好，又转庆州华池令。闻释氏有无生密教，而心悦之。 / 乃不之官，南见嵩丘大照和尚，得心地秘法。于是拂涤氛 / 垢，揭离盖缠。洞视有无，杳遗得失。混荡波俗，人莫之知。开 / 元之末，谓其嗣子曦等曰：夫生死盛衰，天之常理。唯见性 / 湛然者，乃能免之。吾今大运将终，故告汝以善教曰：毋弃 / 义以求利，毋违道以纵欲。毋谄佞以取誉，毋骄傲以速祸。 / 呜呼！小子！吾将逝矣，尔其志之。疾数月而卒，春秋五十有 / 九，以其月廿一日丁卯，权殡于河南平乐原，礼也。曦等号 / 天泣血，叩地崩心，惧陵谷迁移，乃刻石为记。铭曰：■■■ / 宝气氤氲兮河之精，神光赫泽兮岳之灵。诞降英俊兮魁 / 梧形，雄特昭振兮仁义声。始游轩冕兮国之祯，终归禅寂 / 兮道之城。哲人其萎兮落瑶星。孤坟既掩誌金铭。 /

2.字词释读

（1）合州：今重庆市合川区。唐武德元年（618年）为合州治，天宝元年（742年）为巴川郡治，乾元元年（758年）复为合州治。此处"合州"可能为"和州"的异写。

（2）南和县：今邢台市南和区。唐武德元年（618年）南和从邢州划出，置和州，隶邢州总管府，辖南和县。天宝元年（742年），邢州改为钜鹿郡，辖南和县。至德二年（757年），撤钜鹿郡，复置邢州，南和县仍属之。

（3）陇州龙盘府：陇州，今陕西陇县。唐武德元年（618年）改陇东郡为陇州[1]。天宝元年改为汧阳郡，乾元元年复为陇州[2]。龙盘府，《新唐书·地理志》陇州有县三；府四，曰大堆、龙盘、开川、临汧。前贤已补"大候、源汧、斥候三府，此次新增阗川府。陇州共有兵府八个。　　　龙盘府，《旧唐书　地理志》：吴山县上元元年（760年）移治龙盘城。《太平寰宇记》：龙盘山在（吴山县）东南七里，汧水经县东南流。《唐高如诠墓志》：解褐，授陇州龙盘府别将。沛按：吴山县在今陕西宝鸡市陈仓区县功镇，龙盘府疑在其处。"[3]

（4）华池县，《龙庭玮墓志》说属庆州。而《括地志》云：华池在同州韩城县西南七十里，在夏阳故城西北四里[4]。

[1]　薛国屏编著：《中国古今地名对照表》，上海辞书出版社，2010年，第537页。
[2]　张沛：《唐折冲府汇考》，三秦出版社，2003年，第80页。
[3]　张沛：《唐折冲府汇考》，三秦出版社，2003年，第80～81页。
[4]　《史记〈太史公自序〉正义引》唐代林州治所华池县，为武德四年（621年）复置（薛国屏编著：《中国古今地名对照表》，上海辞书出版社，2010年，第568页）。

　　龙庭玮墓志出土于洛阳，自称太原人，"九代祖信，仕北齐，自咸阳徙于唐，故为晋阳人。祖合州别驾达。父南和县令智。"墓主人卒于天宝元年（742 年），卒年五十九岁，约生于永淳二年、弘道元年（683 年）。其父南和县令智年龄大于墓主 30～40 岁的话，主要活动于 700 年左右；而墓主祖父主要活动于 670 年左右。龙敏，字玄达，约生于隋仁寿二年（602 年），卒于唐开耀元年（681 年）；与龙庭玮祖父龙达约同时；龙敏字玄达，有子神智等，与龙庭玮父名讳"智"、祖名讳"达"，可以对应，龙庭玮自称"晋阳人"，如此，让我们不得不考虑龙庭玮可能是龙神智之子。只是职官不符，龙庭玮父、祖职官，很可能为赠官。

　　若果真如此，龙庭玮与龙叡（生于 655 年）同辈，龙叡五世祖仕于北齐，六世祖仕于元魏，此九代祖应为虚指，或许龙康基、龙盆生名信。自咸阳徙于唐（晋阳）是这支龙氏的迁徙路线，为我们研究太原龙氏的来源及子孙流寓提供了宝贵资料。

第三节　太原龙氏家族初论

　　太原龙氏来源是值得研究的一个问题。《新集天下姓望氏族谱一卷并序》斯 2052 号：并州太原郡，出二十七姓：弘、王、郭、郝、温、尉迟、祁、令狐、武、阎、宫、邬、孙、伏、昝（zǎn）、霍、问、弓、师、义、招（shào）、酉、廖、易、龙、韶、光[1]。《通志·氏族志》闵、酉、易、龙氏望出太原[2]。

　　目前对龙氏研究的成果比较深入的学者有：荣新江先生[3]、林梅村先生[4]、王永平先生[5]、郑炳林先生[6]、王欣先生[7] 等。但是对太原龙氏家族世系、职官及婚姻状况研究还是显得美中不足。我们不揣愚钝，将太原龙氏墓志进行初步研究。

　　根据上述墓志记载，六座墓葬分别属于龙氏家族的四代人（表 3-1）。其中龙润辈分最高，其子龙义、龙澄、龙敏，龙义子龙寿、龙寿子龙叡。《龙润墓志》中还提到了他的曾祖龙康基、祖父龙盆生和父亲龙求真，六块墓志可还原出这支龙氏八代人的历史信息（表 3-2、-3）。

　　[1]　郑炳林：《敦煌地理文书汇辑校注》，甘肃教育出版社，1989 年，第 323 页。

　　[2]　郑炳林：《敦煌地理文书汇辑校注》，甘肃教育出版社，1989 年，第 334 页注 37。

　　[3]　《龙家考》，《中亚学刊》第 4 辑，北京大学出版社，1995 年，第 144～160 页。荣新江：《北朝隋唐粟特人聚落的内部形态》，《文物》2001 年第 4 期，后收入荣新江《中古中国与外来文明》，生活·读书·新知三联书店，2001 年。

　　[4]　林梅村：《吐火罗人与龙部落》，《西域研究》1997 年第 1 期，后收入《汉唐西域与中国文明》，文物出版社，1998 年。

　　[5]　王永平：《刘累御龙与河东龙氏——基于太原龙润家族墓志的考察》，《史志学刊》2018 年第 5 期。王永平：《夷俗与华风——中古时期寓居内地的一个胡人家族》，《社会科学战线》2019 年第 12 期。

　　[6]　郑炳林：《敦煌地理文书汇辑校注》，甘肃教育出版社，1989 年。

　　[7]　王欣：《吐火罗研究》（增订本），商务印书馆，2018 年。

表3-1　太原龙氏家族墓葬信息统计表　　　　　（单位：厘米）

姓名	籍贯	生卒年月	葬时、葬地	职官	出处	世系	姻亲	子嗣	墓志质地及尺寸	其他
龙康基	—	—	—	见表3-3			—	龙盆生	—	—
龙盆生	—	—	—	见表3-3			—	龙求真	—	—
龙求真	—	—	—	见表3-3			—	龙润	—	—
龙润（恒伽）	并州晋阳人	北齐皇建元年（560年），卒于唐高宗永徽四年（653年），享年九十三岁	永徽六年（655年）合葬于并城北廿里井谷村东义井村北	首授朝散大夫，又署萨宝府长史，板授辽州刺史	龙润墓志	曾祖康基，祖盆生，父求真	何氏	龙义、龙澄、龙敏	砂岩56×56	—
龙义（怀亮）	晋阳人	约出生于北齐武平七年（576年），卒于唐高宗显庆二年（657年），享年六十一岁	龙朔三年（663年）合葬于晋阳城北廿里堀山之原	（1）骑都尉（龙义墓志）（2）元从、仪同（龙寿墓志）（3）朝散郎（龙叡墓志）	—	曾祖康基，祖□真，父恒伽	游氏	嗣子行□、龙寿	砂岩56×56	—
龙澄（玄靖）	陇西牛心郡人	约生于隋文帝开皇十五年（595年），葬年六十六岁	龙朔元年（661年）窆于苑西	西明府旅帅、骁骑尉，寻转任校尉	龙澄墓志	祖真，父伽	—	嗣子痛其道之永绝	砂岩50×50	—
龙敏（玄达）	南阳鲁县人	约生于隋仁寿二年（602年），卒于唐高宗开耀元年（681年），享年七十九岁	开耀元年（681年）权厝于晋阳金城之西北原	处士	龙敏墓志	祖真，父恒伽	—	有子神智等	石灰岩52×52.5	—

姓名	籍贯	生卒年月	葬时、葬地	职官	出处	世系	姻亲	子嗣	墓志质地及尺寸	其他
龙寿（孝德）	南阳鲁人	约生于唐高祖武德九年（626年），卒于武周延载元年（694年），享年六十八岁	延载元年（694年）合葬于交城县井谷村东平原	上柱国（龙叡墓志）	龙寿墓志	曾祖真，祖恒伽，父世义	粟氏	有子思叡等	石灰岩 57×57	—
龙叡（思叡）	晋阳人	约生于唐高宗永徽六年（655年），卒于唐玄宗开元二十九年（741年）享年八十六岁	开元二十九年（741年）合祔葬于井谷村东北原	上柱国	龙叡墓志	大父世义，考讳孝德	清河张氏	嗣子七	石灰岩 53×53	—
龙庭玮（庭玮）	太原人	约生于唐高宗道元年（683年），唐玄宗天宝元年（742年）卒，卒年五十九岁	天宝元年（742年）权殡于河南平乐原	龙盘府别将、庆州华池县令	龙庭玮墓志	九代祖信，祖达，父智	—	曦等	石灰岩 39×39×9	良家子

注：太原出土龙氏墓志尺寸，参考太原市三晋文化研究会、《晋阳古刻选》编辑委员会：《晋阳古刻选——隋唐五代墓志》，文物出版社，2013 年。墓志厚度缺失，希望以后工作中补足。

表3-2　太原龙氏世系表

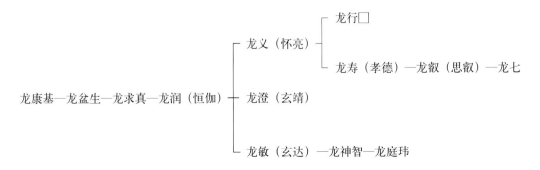

表3-3 太原龙氏家族成员职官履历表

姓名	世系	《龙润墓志》	《龙义墓志》	《龙澄墓志》	《龙敏墓志》	《龙寿墓志》	《龙叡墓志》
龙康基	第一世	高齐青莱二州刺史	齐上开府仪同三司，中书舍人	—	左千牛府郎将	—	—
龙盆生	第二世	元魏冀州刺史	—	—	—	—	—
龙求真	第三世	周光有天下，举先岩穴，就拜仪同三司	周黎阳总管府鹰扬	隋任鹰扬	周显州司马	周任显州司马	—
龙润（恒伽）	第四世	首授朝散大夫，又署萨宝府长史，板授辽州刺史	皇朝授辽州刺史	板授辽州刺史	隋辽州长史	隋辽州长史	辽州刺史
龙义（怀亮）	第五世	—	骑都尉	—	—	元从、仪同	朝散郎
龙澄（玄靖）	第五世	—	—	西明府旅帅、骁骑尉，校尉	—	—	—
龙敏（玄达）	第五世	—	—	—	处士	—	—
龙寿（孝德）	第六世	—	—	—	—	—	上柱国
龙叡（思叡）	第七世	—	—	—	—	—	上柱国

下面我们对龙氏家族每个成员进行逐个分析：

龙康基，龙润的曾祖，生卒年不详，据其后代墓志记载，北齐时，他担任过中书舍人、左千牛府郎将等职事官。中书舍人为正六品，掌署敕行下、宣旨劳问、制诰。左千牛府郎将是高级禁卫武官。品级虽然较低，但都是皇帝近臣。上升府仪同三司为从三品的文散官。龙康基担任青、莱二州刺史的可能性不大，高齐政权鲜有实授二州刺史者，即便是赠官也极罕见。文宣帝高洋曾诏曰："冀州之渤海、长乐二郡，先帝始封之国，义旗初起之地。并州之太原、青州之齐郡，霸业所在，王命是基。"[1] 可见北齐对青州的重视，时任青州刺史者有永安王高浚、平阳王高淹、任城王高湝、清河王高岳之子高劢、渔阳王高绍信、尉景、斛律平（斛律金兄）、韩凤、娄定远（娄昭次子）、封延之等，这些人不是贵戚就是权臣。因此龙康基的青、莱二州刺史更可能是赠官。又据《隋书·地理志》记载，莱州北齐

[1] （唐）李百药：《北齐书·文宣帝纪》卷四，中华书局，1972年，第51页。

时为光州，隋开皇五年改光州为莱州[1]。《北史》中仅见的几条莱州刺史也都已进入隋代。因此，青、莱二州刺史可能不是北齐时所赠，隋代追赠可能性最大。

龙盆生，龙润祖父，生卒年不详，元魏冀州刺史，仅见于龙润墓志。从龙康基和龙盆生职官经历来看，龙盆生很有可能英年早逝，所以没有在高齐政权为官的经历。龙康基除《龙润墓志》外，还见于龙义和龙敏墓志。一般情况，唐代墓志中记载高祖的并不多见，除非名望甚高或为说明族源。所以也有可能《龙润墓志》误记了龙康基和龙盆生的辈分，如此，龙盆生、龙康基、龙求真、龙润都以曾祖之辈份被曾孙所记，这样更加符合情理。

龙求真，龙润之父，"周光有天下，举先岩穴，就拜仪同三司"，岩穴即岩穴之士，意指隐士，说明他很可能在北周时才出仕。龙义、龙澄又记其为北周和隋黎阳总管府鹰扬，龙敏、龙寿称其为周显州司马。北周州司马视州之等级不同，品级也不同，约为四、五品之间。

龙润，字恒伽，约生于北齐皇建元年（560年），卒于唐永徽四年（653年），享年九十三岁，"首授朝散大夫，又署萨宝府长史"，朝散大夫是从五品文散官，萨宝府是管理宗教事务的机构，萨宝府史为视流外五等。《旧唐书·太宗本纪》的记载："（贞观）二十年春正月，上在并州。……庚辰，曲赦并州，宴从官及起义元从，赐粟帛、给复有差。"[2]大赦中，龙润又板授辽州刺史，板授是指授予高龄老人荣誉职衔。与龙润同茔而葬的还有其子三人，其中龙义年纪最长，龙澄次之，龙敏最小。三子中，仅有龙义的子孙葬于晋阳祖茔。

龙义，字怀亮，约出生于北齐武平七年（576年），卒于唐显庆二年（657年），享年八十一岁，有嗣子龙行□（参）、龙寿等。龙义职官骑都尉为从五品勋官，仪同、朝散郎为散官。"元从"说明龙氏家族曾追随李唐起兵反隋。夫人游氏卒于贞观十九年（645年），龙朔三年（663年）夫妻合葬。

龙澄，字玄靖，约生于隋开皇十五年（595年），"以武艺见知，擢任西明府旅帅"，有战功，曾经"功清瀚海，雾廓龙庭"。《旧唐书·太宗本纪》："（贞观三年即629年）十一月，以并州都督李世勣为通汉（漠）道行军总管，兵部尚书李靖为定襄道行军总管，分六路兵力以击突厥。"[3]34岁的龙澄很可能参加了此次战役，并授骁骑尉，骁骑尉为正六品勋官，后又任校尉。龙澄"耻居下职，思效深功"，继续着自己的军旅生涯。"已穷定远之境，方成博望之功。"定远为班超之代称，博望是张骞之封号，二人均建功于西域，说明龙澄已随军转战西域。

《旧唐书·苏定方传》"贞观初，（苏定方）为匡道府折冲，随李靖袭突厥颉利于碛口。……永徽中，转左卫勋一府中郎将，从左卫大将军程知节征贺鲁。……

[1]　（唐）魏徵：《隋书·地理志》卷三十，东莱郡条，中华书局，1982年，第861页。
[2]　（后晋）刘昫等撰：《旧唐书·太宗本纪》卷三，中华书局，1975年，第58页。
[3]　（后晋）刘昫等撰：《旧唐书·太宗本纪》卷二，中华书局，1975年，第37页。

明年，擢（苏）定方为行军大总管，又征贺鲁。"[1]《旧唐书·高宗本纪》："（永徽六年即 655 年）夏五月，癸未，命左屯卫大将军、卢国公程知节等五将军帅师出葱山道以讨贺鲁。……（永徽七年即 656 年）十二月改元为显庆元年，左屯卫大将军程知节坐讨贺鲁逗留，追贼不及，减死免官。……（显庆）二年春正月庚寅，幸洛阳。命右屯卫将军苏定方等四将军为伊丽道将军，帅师以讨贺鲁。……（显庆三年即 658 年二月）苏定方攻破西突厥沙钵罗可汗贺鲁及咥运、阙啜。贺鲁走石国，副将萧嗣业追擒之，收其人畜前后四十余万。甲寅（三月十日），西域平。"[2]

龙澄可能又追随程知节或苏定方平定突厥贺鲁叛乱（657 年），以六旬高龄"固守穷城"、"执节而终"。崒岳途遥、玉门难返也都表明龙澄是战死于西域。龙澄死后，苏定方平定西域，这应该就是墓志中所说的"寻遇诸蕃无事"。从墓志年代看，是 658 年至 661 年这四年间，也就是大唐显庆三年至龙朔元年。（显庆四年六月，改氏族志为姓氏录，许敬宗以太宗时所修氏族志，不叙武氏门族，奏请改之。显庆五年（660 年）十二月，契苾何力、苏定方，征高丽；显庆六年（661 年）二月，改元龙朔，苏定方灭百济。）龙朔元年（661 年）归葬于晋阳。龙澄墓志记载"寻遇诸蕃无事，后使言归，遂奉灵躯，以还前壤，年六十六。"显庆三年二月西域平，龙澄当卒于 657～658 年。年六十六应该是归葬晋阳时的年龄。

龙润之子龙澄以武艺见长，西征突厥，立有军功。最终，战死沙场，以身殉国，但也没有改变家族的命运。后世子孙也只有"不以名利干时""隐居以求志"。

龙敏，字玄达，约生于隋仁寿二年（602 年），卒于唐开耀元年（681 年），享年七十九岁，有子神智等。墓志称其为处士，处士本指有才德而隐居不仕的人，后亦泛指未做过官的士人。

龙寿，字孝德，龙润之孙，龙义之子，约生于唐武德九年（626 年），卒于唐延载元年（694 年），享年六十八岁，有子龙叡等。其位上柱国为勋官，应该继承于其父龙义。龙义嫡长子应为龙行□，可能龙行□没有嗣子或早卒，才由龙寿袭爵。

龙叡，字思叡，龙润重孙，龙寿之子，约生于永徽六年（655 年），卒于开元二十九年（741 年），享年八十六岁，有嗣子龙七。上柱国应该继承自其父龙寿。

龙润的曾祖和祖父均仕于东魏北齐，中级官吏。北周灭齐，龙润之父龙求真仕于北周。李唐代隋，龙氏"义旗西指"，以元从身份定居晋阳。龙润之子龙澄以武艺见长，以旅帅之职北征突厥，立有军功，授骁骑尉，又升任校尉。龙澄又西征突厥，战死沙场，以身殉国，但也没有改变家族的命运。随着大唐开元盛世的到来，以武艺见长的龙氏家族，或任七品县令或"不以名利干时"，或"隐居以求志"，龙氏家族也逐渐没落。

[1]（后晋）刘昫等撰：《旧唐书·苏定方传》卷八十三，中华书局，1975 年，第 2777～2778 页。
[2]（后晋）刘昫等撰：《旧唐书·高宗本纪》卷四，中华书局，1975 年，第 78 页。

太原龙氏家族墓虽然经过考古发掘，但因发掘时间太久，发掘资料也不完整，使得田野发掘报告不能完整发表。当然，墓葬的随葬品及晚期盗扰情况更是无从谈起。

龙氏家族墓地的整体情况还是要做一番讨论。龙润的曾祖和祖父均仕于东魏、北齐时期，中级官吏。北周灭齐，龙润之父龙求真仕于北周时期。从其职官情况看，绝大部分是赠官，所任实职很少；并且对曾祖和祖父的名字存在有颠倒的可能性。特别是表3-3中，无论是龙盆生的职官还是职官的时代，均与所处第二世明显不符，很可能为一世祖。这也符合越晚出子孙对他追述可能越少、越不真实的规律。

从龙润开始，可能为太原望的初祖，选地井峪村墓地。因为龙润未见兄弟行人物墓志出现在这个墓地。龙润任职萨宝府，与长子龙义参加了晋阳首义。"义旗西指"，李唐代隋，便以元从身份定居晋阳。从龙润至龙叡共四世六人葬于此墓地，证实了家族墓地不出五代的惯例。并且，龙义为长子，龙寿为长孙，龙叡为长曾孙，葬于此处，而不见龙澄、龙敏的子孙辈，从另一个方面证实，太原小井峪龙氏墓地是龙氏太原房嫡长子墓地。

从《龙庭玮墓志》得知，龙敏及子龙神智是龙庭玮的祖、父，龙敏著籍南阳鲁县，它透露出龙敏这一支龙氏子孙流寓。它可能与《太平寰宇记》龙氏南支房"荆州武昌郡"存在某种联系，这也就是墓志中"荆山玉种，汉水珠胎"的来源。

第四节　龙氏家族族源及相关问题研究

一　龙氏起源

龙润家族的族属一直是学术界热议的话题，关于龙氏的起源，古人也多有考证。《元和姓纂》龙氏条："尚书，舜臣龙为纳言，子孙以王父字为氏。又董父，己姓，赐氏豢龙，为龙氏。龙且，楚人，为项羽将。《急就章》，龙未央，亦楚人也。"[1] 豢龙氏条："古飂叔安裔子。"《通志略》龙氏条："舜臣也，龙为纳言，子孙以名为氏。又董父，己姓，以能畜龙，故赐氏为豢龙氏。龙且，楚人，为项羽将。汉有将军龙伯高。《急就章》，龙未央，亦楚人也。今望出天水、武陵。宋朝登进士科龙起之后有龙渭，夔州人；龙瑜，汾州人；龙溥，吉州人。"[2] 秦汉时，龙姓名人均为楚国人，武陵先秦时属于楚国。

关于豢龙氏和御龙氏的起源，最早的记载出自《左传》。襄公二十四年（公元前549年），（范）宣子曰："昔匄之祖，自虞以上为陶唐氏，在夏为御龙氏，

---

[1]　（唐）林宝撰，岑仲勉校记：《元和姓纂》（全三册），中华书局，1994年，第57页龙氏条。

[2]　（唐）林宝撰，岑仲勉校记：《元和姓纂》（全三册），中华书局，1994年，第1299页豢龙氏条。

在商为豕韦氏，在周为唐杜氏，晋主夏盟为范氏。"[1]昭公二十九年（公元前513年），秋，龙见于绛郊。魏献子问于蔡墨曰："吾闻之，虫莫知于龙，以其不生得也。谓之知，信乎？"对曰："人实不知，非龙实知。古者畜龙，故国有豢龙氏，有御龙氏。"献子曰："是二氏者，吾亦闻之，而知其故，是何谓也？"对曰："昔有飂叔安，有裔子曰董父，实甚好龙，能求其耆欲以饮食之，龙多归之。乃扰畜龙，以服事帝舜。帝赐之姓曰董，氏曰豢龙。封诸鬷川，鬷夷氏其后也。故帝舜氏世有畜龙。及有夏孔甲，扰于有帝，帝赐之乘龙，河、汉各二，各有雌雄，孔甲不能食，而未获豢龙氏。有陶唐氏既衰，其后有刘累，学扰龙于豢龙氏，以事孔甲，能饮食之。夏后嘉之，赐氏曰御龙，以更豕韦之后。龙一雌死，潜醢以食夏后。夏后飨之，既而使求之。惧而迁于鲁县，范氏其后也。"[2]

龙润家族自称爰自少昊，是豢龙氏、御龙氏后裔，但学术界普遍认为这支龙氏是粟特人，是来自西域的焉耆后裔，史料记载焉耆王室为龙姓。《魏书·西域列传》："焉耆国，……其王姓龙，名鸠尸卑那，即前凉张轨所讨龙熙之胤。"[3]《通典》："至晋武帝太康中，其王龙安遣子入侍。……隋炀帝大业中，其王龙突骑遣使贡方物。……大唐贞观六年正月，又遣使贡方物。今其王龙姓，即突骑之后。"[4]汉唐之间焉耆王室一直都是龙姓，荣新江先生认为，其受到回鹘的侵犯，以龙家部落的形式移居到今甘肃酒泉、张掖以及敦煌一带。龙家部落在九世纪后半叶主要分布在伊州、甘州、肃州等地，各有首领。甘州地区的龙家曾一度成为该城的主体民族。但在西迁回鹘的压力下，一部分龙家在884年末进入归义军的辖境肃州。9世纪以后，龙家主要生活在瓜州常乐一带，是归义军牧马和守边的重要力量。同时，在归义军和甘州回鹘境内的龙家，与当地百姓通婚，逐渐同化于当地的汉族、回鹘族或其他民族当中[5]。

焉耆使用吐火罗语，原始印欧语中的一种独立语言，其姓氏为音译。焉耆属粟特语民族，擅长经商，他们的足迹遍布丝绸之路，焉耆龙氏应该也有一部分因经商而定居中土，逐渐汉化。

此外，夜郎国也分布有一支龙氏。《文献通考·夜郎国》："夜郎国，汉时西南夷君长以十数，夜郎最大。……公孙述时（？～36年），人姓龙、傅、尹、董氏。天圣以来讫于元符贡奉，其首领龙氏，于诸姓为最大，世世袭职，贡奉尤频，……诸蕃部族数十，独龙、方、张、石、罗五姓最著，号五姓蛮。"[6]

龙润家族或许是附会豢龙氏后裔，但附会族属不是胡人的专利，汉人更甚。

[1] 杨伯峻编著：《春秋左传注》（修订本）中华书局，1990年，襄公二十四年，第1087～1088页。

[2] 杨伯峻编著：《春秋左传注》（修订本），昭公二十九年，中华书局，1990年，第1500～1501页。

[3] （北齐）魏收：《魏书·西域列传》卷一百二，中华书局，1974年，2265页。

[4] （唐）杜佑撰，王文锦、谢方等点校：《通典》，边防，卷一九二，焉耆条，中华书局，2018年，第5210页。

[5] 荣新江：《龙家考》，《中亚学刊》第4辑，北京大学出版社，1995年，第144～160页。

[6] （元）马端临：《文献通考》（全二册）四裔考六，卷三百二十九，夜郎国条，第2581～2582页。

以至于刘氏必云斩蛇，董氏皆云豢龙，李氏必出陇西，王氏必出太原。判断龙润家族为粟特人的主要依据便是龙润曾经担任过萨宝府长史。但萨宝府长史为视流外五等，职位较低，署还有暂代之意，也没有确切的证据表明萨宝府长史必须由昭武九姓胡人担任。在重农抑商的时代，内迁中土的粟特商人不可能仕宦为官。而龙润家族至少在北魏时已经定居中土，累世为官。所以，如果龙润家族是粟特人，他们应该以武人身份立足，是不是不兼具商人的身份？

太原龙氏的婚姻：在隋末唐初，龙润娶何氏，其子龙义娶广平游氏，龙润孙龙义子龙寿娶粟氏，龙寿子龙叡娶清河张氏。而龙润次子龙澄、龙敏及龙敏孙辈龙庭玮的姻亲不明。让我们更加坚信太原小井峪村龙氏墓地是龙润为祖墓的嫡长子为主的家族墓地，这也在墓志的墓主婚配关系上体现出来。

然而，让我们仔细观察仅有四位墓主人婚配情况，可以看到龙润妻何氏、龙寿妻粟氏，很有可能为昭武九姓胡人外；龙义妻为广平游氏、龙叡妻为清河张氏，游氏、张氏均为中原高门。虽然经过唐太宗时期《贞观氏族志》、高宗武后时期《姓氏志》重新排定天下姓氏，但龙氏的地位始终不在太原郡高门行列。隋末唐初和龙氏联姻的广平游氏、清河张氏虽为高门，但是这些女子很可能出自某些已经没落的支房。北京图书馆藏 S.2052 号文书《新集天下姓望氏族谱》残卷，据王仲荦、毛汉光等学者研究，《新谱》为代宗大历十四年至咸通年间（779～860 年）的文献。其中，"洺州广平郡，出八姓：游、程、宋、谈、藉、□（郯）、逯、焦"。"雍州京兆郡，出四十姓"之下，有粟氏，排在第 11 位。"贝州清河郡，出十九姓：张、房、崔、戴、靳、聂、孟、傅、盖、卓、隋、尚、汲、樗、且、贵、革、舒、路"。[1]

《姓氏录》北 8418 号"晋阳郡三姓和太原郡十一姓"，因保存不全，未能见到龙氏。广平郡四姓：冀州。宋、焦、晪、游。清河郡七姓：贝州。崔、张、房、向、傅、路、勒[2]。太原龙氏在《太平寰宇记》卷四〇太原郡十一姓中已经没有记载，说明已经退出高门行列[3]。成书于北宋太宗太平兴国（976～984 年）的（宋）乐史《太平寰宇记》载："荆州武昌郡六姓：吴、伍、程、史、龙、鄂；陇右道秦州天水郡七姓：权、赵、尹、庄、龙、狄、姜。"[4]龙氏在晚唐出现两个郡望，分别是荆州和陇西，太原龙氏应归天水郡望，这也证实了"陇西牛心郡人"说法的可能性；一是说明龙氏进入中原的过程中，陇西是重要一个站点；二是陇西没有牛心郡，恐怕牛心在晚唐时期是一个县名或乡、里名。

龙是一个特殊的姓氏，在只有天子才能称为"真龙"的封建时代，竟然没有

[1] 郑炳林：《敦煌地理文书汇辑校注》，甘肃教育出版社，1989年，第324～325页。王仲荦：《新集天下姓望氏族谱考释》，《䃟华山馆丛稿》，中华书局，1987年，第365～447页。

[2] 郑炳林：《敦煌地理文书汇辑校注》，甘肃教育出版社，1989年，第344～345页。

[3] （北宋）乐史：《太平寰宇记》二百卷（全九册），中华书局，2007年，第841页。

[4] （北宋）乐史：《太平寰宇记》二百卷（全九册），中华书局，2007年，第2897页。王仲荦：《〈唐贞观八年条举氏族事件〉残卷考释》，《䃟华山馆丛稿》，中华书局，1987年，第360～361页。

被避讳，极有可能是因为他们不是汉人。夜郎龙氏与焉耆龙氏不是同宗，中原龙氏是源自古族还是昭武九姓胡人汉化而来，今后还需要更多资料来印证。

二 龙氏家族墓志相关问题研究

1.龙澄任职西明府在何处？

张沛《折冲府汇考》第 277 页："今河南洛阳市东北汉魏洛阳城西城南起第二门名西明门，西晋永嘉三年刘聪攻洛阳时屯兵于此。又，唐东京皇城北门武德中改曰西铭门。此西铭府或疑在洛阳。……河东太原府有西胡府[1]。"但从《龙澄墓志》可知，龙澄曾任职西明府的府兵，应该是在 20 岁左右，龙澄享年 66 岁，依此推断在武德 618～626 年间设置的西明府。武德八年，突厥进攻太原，李渊恢复十二军，并设立十二卫大将军。其中右卫大将军下辖 50 个折冲府，每府 1000 人，共五万人。西明府，应当就设立在此时。另据，《太原市太山龙泉寺石幢铭文》中有："晋阳主簿冯维良供养；西明府兵曹吉大雅妻李、男女合家供养；长史张文徽妻邓、男女供养；兵曹马仁□静妻刘供养。"可知太原的确有兵府为西明府，太山石幢的地宫出土开元通宝为 713～741 年造，证实西明府在开元年间依然存在。从铭文排列前后关系可知：晋阳主簿冯维良品级大于西明府兵曹吉大雅；其次为西明府长史张文徽；再次为兵曹马仁□静。《新唐书·兵志》："府置折冲都尉一人，左右果毅都尉各一人，长史、兵曹、别将各一人，校尉六人。"若果真若此，最后兵曹马仁□静，必定不是西明府兵曹。西铭村现在为太原市万柏林区的一村名，想必与唐代西明府有关？现在的西铭村位于唐代晋阳古城西北约 13 千米，附近有玉门河穿过，往西是通往古交的必经之路。

在太原北部阳曲县东黄水镇洛阴村有隋代的洛阴府，其村落名称一直沿用至今。《永乐大典》卷十六引 5204 页《元一统志》："洛阴府在县东北六十里。洛阴古城有隋仁寿中修寺碑。乃骠骑将军开府仪同三司王整（懃，字敬僧）所立。今废。"《读史方舆纪要》："洛阴城，在府东七十里，或曰隋洛阴府，为屯戍之地。唐武德七年置罗阴县十此，贞观初省。"[2]

倘若唐代西明府类似隋代洛阴府，那么机构设置应当为：武职主官，西明府骠骑将军仪同三司某某；其次，车骑将军仪同三司某某，随后是晋阳令、丞、尉二；文职主官，长史、司马、司法、司兵等曹参军，还有录事、司兵、司仓史等基层职位[3]。

石幢铭文上记载的供养人还有"云麾将军 行左卫亲府中郎 检校安西大都护 上

---

[1] 张沛：《折冲府汇考》，三秦出版社，2003年，第173、277页。

[2] （清）顾祖禹：《读史方舆纪要》卷四十《山西二·太原府阳曲县洛阴城条》，中华书局，2005年，第1809页。

[3] 刘勇：《洛阴修寺碑考——隋府兵制下汾河中游民族大融合实例》，《文化杂志》第107期2019年12月版，《和刘勇穿越人文山西》2020年5月11日。

柱国 渔阳郡开国公 田扬名正妻姜"，田扬名在《新唐书》《旧唐书》中无传，只有一些零星记载："其安西都护，则天时有田扬名。"[1]行左卫亲府中郎，应是左卫亲府中郎将的省称。行，应是行使之意。武官名，唐置左右卫，掌统亲卫卫士以供宿卫。唐高祖武德五年（622年）改左翊卫为左卫府而置，高宗龙朔二年（662年）去府字，置一人，正四品下；将军缺，则代之[2]。田扬名妻姜氏作为供养人在石椁雕凿时应当还在世；她的排名在石椁所有的供养人中并不靠前，也不处于显要位置，说明此时田扬名已经去世，作为遗孀地位与普通人无异。

另外，龙澄的任职终其一生职品未过五品。属于低级武职。从年轻时任西明府八品下的旅帅，后至骁骑尉转校尉。可知在折冲军府校尉职位要高于骁骑尉[3]。

2.从三方墓志略谈隋唐时期萨宝府的职能（表3-4）

表3-4　并州、介州萨宝府任职昭武九姓胡人一览表

姓名	生卒年	祖、父职官	本人职官	其他
虞弘	开皇十二年（592年），去世，时年五十九岁	曾祖奴栖，鱼国领民酋长。父君陁，茹茹国莫贺去汾、达官。	大象（580年）末，左丞相府，兼领并、代、介三州乡团，检校萨宝府。	虞弘在北周时期检校并州萨宝府
龙润	卒于唐永徽四年（653年），享年九十三岁	父求真，周黎阳总管府鹰扬、显州司马。	首授朝散大夫，又署萨宝府长史。	龙润在贞观二十年以前任并州萨宝府长史
曹怡	永徽六年（655年）六月景辰奄卒私第，春秋七十有五	父遵，皇朝介州萨宝府车骑骑都尉。	李唐元从、骑都尉	曹怡父亲任职隋代介州萨宝府车骑骑都尉

（1）虞弘本人就任职萨宝府是在北周大象末年，也就是580年；张庆捷先生认为："萨宝府下设'车骑骑都尉'等军职，负责与军事有关的事务。这些军职与虞弘墓志提到的'乡团'有关，职位由中亚人担当。"[4]

（2）龙润任职萨宝府长史很可能是在隋，从《龙润墓志》得知，"又署萨宝府长史"，这里的"署"有暂代之意，检诸史籍，署某官并不常用，或许我们不能把"署"简单的理解为担任。《旧唐书·韦皋传》："其从事累官稍崇者，则奏为属郡刺史，或又署在府幕，多不令还朝。"《旧唐书·于頔传》："元载为诸道营田使，又署为郎官。"

（3）曹怡在追述自己的父亲的生平履历时，称皇朝介州，应是指唐贞观元年之前废介州之事。北周建德五年（576年）取汾州，废州，西河郡隰城县改隶于介州。隋开皇三年（583年）废郡，隰城县直属介州。大业三年（607年）州改郡，复西河郡，郡治置隰城。唐武德元年（618年），西河郡改称浩州，属河东道。武德三年（620年）复称汾州，治隰城县如故。天宝元年（742年）改汾州为西河郡[5]。这样，介州在贞观之后已经不存在；而汾州目前没有发现唐代萨宝府的信息，从侧面证明汾州在贞观元年之后再没有设置萨宝府。

[1]　（后晋）刘昫等撰：《（百衲本）旧唐书·唐传二百四十八》（全二册）卷一百九十八，国家图书馆出版社，2014年，第1480页。

[2]　吕宗力：《中国历代官制大辞典》，商务出版社，2015年，第253页。

[3]　唐长孺：《唐书兵志笺正》，中华书局，2011年，第13页：依《军防令》，每一旅帅管二队正，每一校尉管二旅帅，……果毅折冲随所管校尉多少，通计为罪。《旧唐书·职官志》折冲都尉条：校尉五人，每校尉旅帅二人，每旅帅队正副队正各二人。

[4]　张庆捷，序，《汾阳市博物馆藏墓志选编》，山西出版传媒集团、三晋出版社，2010年，第001页。

[5]　《新唐书》："义宁元年（617年）以介休、平遥置介休郡，武德元年（618年）曰介州，贞观元年（627年）州废。"另《元和郡县志》载：（介州）"贞观元年州废，以县属汾州。"山西省汾阳县志委员会：《汾阳县志》，海潮出版社，1998年，第5~6页。

对于萨宝及萨宝府是学术界近年来颇为关注的一个问题。随着虞弘墓、安伽墓等一系列考古新发现，粟特人以及管理少数民族问题的萨宝府又开始重新引起人们的重视。以上三方墓志均为考古发现所得，出土地点明确，研究价值自然更高。

"萨宝"一职，北朝、隋已设，见于《隋书》卷二七《百官志》。据《通典》卷四〇《职官典》，唐朝还设有管理火祆教的祀官——萨宝的府官，主持祭祀。萨宝府官分为萨宝、祆正、率府、府史等，自四品至七品不等，由波斯人或西域人担任。"萨宝"在中国史籍中也称为萨甫、萨保，其作用是掌管胡人聚居地区的宗教及行政 [1]。张沛认为，萨宝是北齐、隋、唐时管理祆教的官员，又作"萨保""萨甫"。萨宝府是萨宝的办事机构，官员除萨宝、祆正外，还有萨宝府率、萨宝祆祝及府史等，萨宝果毅疑为萨宝府果毅都尉，亦属萨宝府职官。萨宝果毅不是兵府官，萨宝府不当属折冲府之列 [2]。

虽然唐代萨宝府可能并不是折冲府，但并不代表北齐至隋代萨宝府不为兵府。曹怡父曹遵任职隋代介州萨宝府；而龙润在贞观二十年以前任职萨宝府长史时已经八十岁，估计此时已是虚职，但并不能说明在隋、唐初其在萨宝府的任职情况。我们似乎可以这样理解，任职并州萨宝府的虞弘为实职，介州萨宝府在隋末归并州总管府辖制也许是在隋末唐初特殊的环境下的必然产物。

此外，太原太山龙泉寺出土的舍利石函上有供养人龙九妻李妙真。石函应为武周或稍晚于武周之物，大约在公元 700 年前后，此时龙九已经娶妻，推测应该是龙叡的子嗣，可能此时已经去世。龙九和龙七应该是兄弟行。

另外，寿阳曾出土有北齐天保六年龙买造像碑，上有都维那龙买和邑子龙昌兴两个龙氏 [3]。这一支龙氏仅有这一点信息，目前无法弄清楚其家族来源和去向，待今后新资料发现之后再研究。

[1]　施安昌：《火坛与祭司神鸟》，紫禁城出版社，2004年，第29页。

[2]　张沛：《折冲府汇考》，三秦出版社，2003年，第57页。

[3]　晋华、吴建国：《山西寿阳出土一批北朝石造像》，《文物》1991年第12期。

肆　五台县永安墓地唐代家族墓志

王俊（山西省考古研究院）

近日研读新出版《忻阜高速发掘报告》中的永安唐墓，对墓葬中出现的粟特人信息产生十分浓厚的兴趣[1]。为此，我多次去忻州观摩发掘出土器物，在反复考虑之后写成小文，以求教学界。

为了能对墓葬有更深层次的探研，从以下几方面具体详述。

一　墓葬排列及形制

1.墓葬排列

永安唐墓虽然只有6座墓葬，但是保存完整；并且墓葬没有被晚期盗扰，具有很高的研究价值；加之其墓主人特有的"昭武九姓"胡人信息，让我们对其墓地选择、墓葬排列及墓葬形制十分感兴趣。

墓地的选择是受当时丧葬习俗、墓主人种族、宗教信仰等多方面因素所决定的。墓志中这样描述永安唐墓所在的位置："左鄰丘壑鵷（鵁）鶵（雏）奮迅之郊，右控平堙（yīn）馬駢開之路；南联東冶潺水滔洋，北枕西峨崇崗／岌嶷（jí nì）墳達其所。"（图4-1、2）。

从墓地的排列来看，虽然是"昭武九姓"胡人后裔，但是汉化程度已十分明显。不但墓葬排列选择主墓在上（北方），而且还使用左昭右穆的贯鱼葬葬式。这样的葬式在《大汉原陵秘葬经》《地理新书》中有明确的记载[2]。步地取穴条："其中昭穆亦名贯鱼，入先茔为葬者即在左昭右穆，如贯鱼之形，仍避廉路、地轴、阴户、阳户、雄辕、雌辕。惟河南、河北、关中、陇外并用此法。"徐苹芳先生研究认为："①从《秘葬经》的流行地区和作者的师承来看，它可能是金元时期山西地区的地理葬书。②山西地区自唐代以来流行的地理风水之说，其渊源是来自唐代的西京（陕西）。以西京为中心，北至山西、河北，南至四川，东至河南，西至甘肃，都受到唐代西京的影响。"[3]

[1] 王力之：《五台永安唐墓发掘报告》，《忻阜高速公路考古发掘报告》，上海古籍出版社，2012年。

[2] （北宋）王洙：《图解校正地理新书》（金明昌抄本），选自《续修四库全书》子部术数类，集文书局印行，2003年再版。

[3] 徐苹芳：《唐宋墓葬中的"明器神煞"与墓仪制度——读〈大汉原陵秘葬经〉札记》，《考古》1963年第2期。

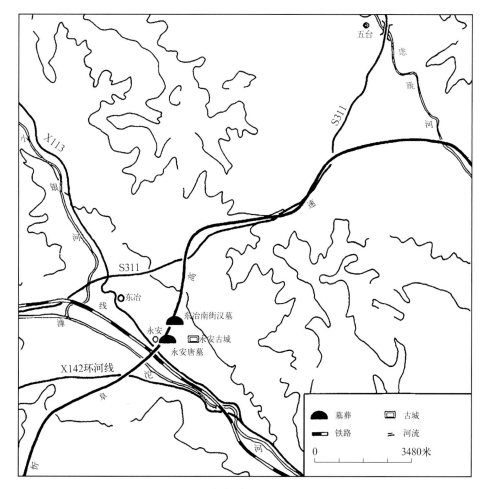

图4-1　永安唐墓位置示意图

　　永安唐墓的墓主人采用传统山西唐墓最流行的砖室墓，而没有选择土洞室墓，看来其经济状况并不是处于社会最底层；可能与其"祖袭封于此"有关。现在看来石艺家族作为底层的牧户，能有这样布局完整的墓地已经十分不易。

　　2.墓葬形制

　　永安墓地5座唐代墓葬分为北向南三组排列。墓葬方向大体一致，为200°左右，显然事先经过统一规划。墓葬一般由墓道、墓门、墓室等组成，墓道位丁墓室南部中央，以竖井式墓道为主；墓室呈圆形或圆角方形，四面起券，呈穹隆顶；葬具以棺床为主，少见木棺；随葬品有陶罐、铜簪、墓志（图4-3）、瓷器等。其中M7出土有墓志，M4出土有白釉单把瓷杯（图4-4，7）、三彩钵（图4-4，9），在整个墓地中，不但随葬品丰富，且规格较高，特别引人注目。我们怀疑、印证这个家族为汉化的"昭武九姓"胡人家族的证据也主要以M4、M7的随葬品为主。

二　墓地时代

　　墓地时代报告的编者已经有了明确的论述，主要是依据M7出土的墓志，其时

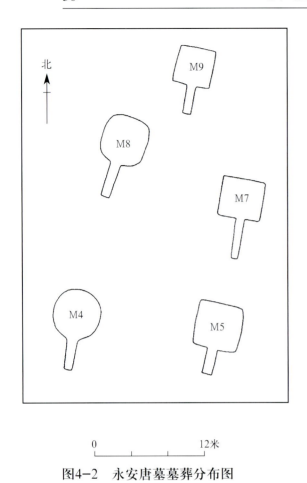

图4-2　永安唐墓墓葬分布图

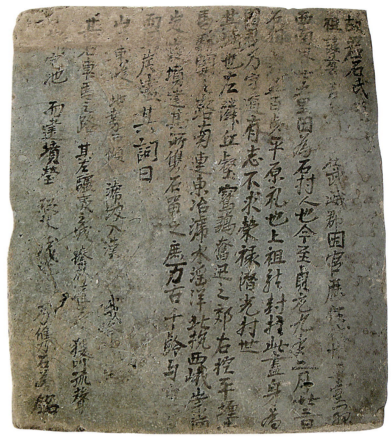

图4-3　永安唐墓M7出土墓志

代为唐贞元九年（793 年）。永安墓地是一座保存完整的晚唐时期家族墓地，墓地
延续时间约百年（开元至宝历）[1]。

三　随葬品中透露出的"昭武九姓"胡人信息

　　墓葬的随葬品是此次发掘最主要的收获，尤其以 M7 更为显著。不但有墨书墓
志，还有 M4 唐三彩盂（图 4-5、6）、白釉单把瓷杯（图 4-7）。白釉单把瓷杯 1
件，出土于墓门附近。编号为 M4：2，敞口，曲腹，腹部有一个环状鋬手，已残；
近足部硬折，饼形矮圈足。白胎，施透明釉。口径 7.2、圈足径 3.6、高 5.7 厘米。
这样的随葬品透露给我们什么历史信息呢？

　　首先，白釉单把瓷杯。形制相同的瓷杯在以往的考古发掘中仅见陕西有一枚，
而相似单把杯比较多，包括金银类、三彩类。为了更好地比较研究此类器物，我
们列表 4-1 加以统计。

[1]　王力之：《五台永安唐墓发掘报告》，《忻阜高速公路考古发掘报告》，上海古籍出版社，2012年。

图4-4　永安唐墓与其他地点出土器物对比图

1.杏园唐墓单把杯　2.粟特单环耳银杯　3.西安沙坡村出土带把银杯　4.日本天理大学藏唐代彩釉环耳杯　5.永安唐墓M4∶2　6.西安何家村藏掐丝团花金杯　7.永安唐墓M4∶1　8.西安政法学院M34∶14　9.三彩盂（中华古玩网）

图4-5　永安唐墓出土三彩钵M4∶1

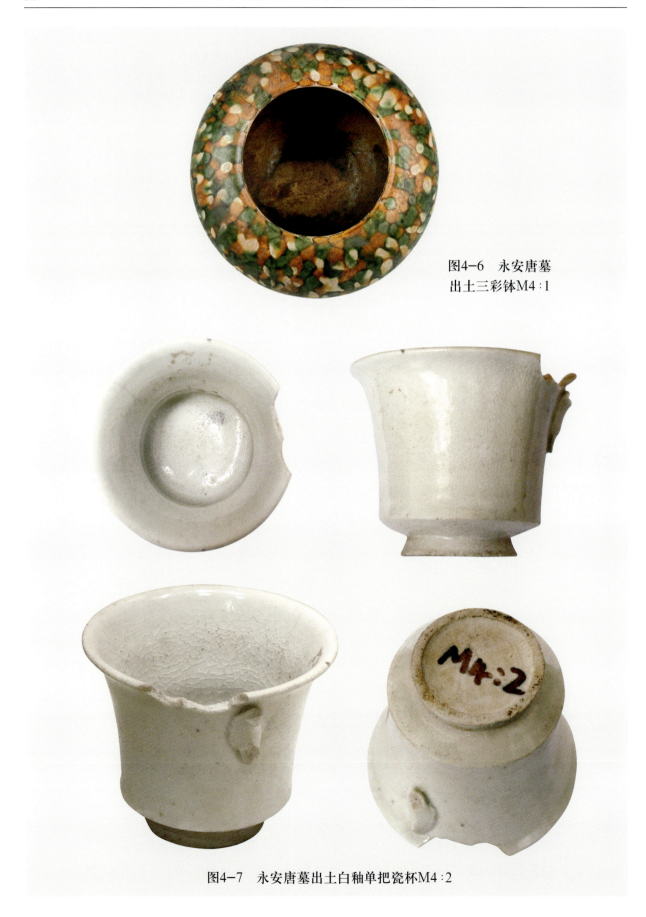

图4-6　永安唐墓
出土三彩钵M4:1

图4-7　永安唐墓出土白釉单把瓷杯M4:2

表4-1　唐宋时期单把杯（金、银、铜、瓷）统计表

序号	名称	出土单位	同出器物	时代	尺寸	墓主人	其他
1	白釉单把瓷杯	忻州M4	三彩钵	唐贞元九年（793年）	口径7.2、圈足径3.6、高5.7厘米	石艺	永安家族墓地
2	撇口杯	"黑石号"沉船	主要有杯、杯托、碗、执壶、罐、穿带壶等300余件	沉船装货的时间在唐宝历二年（826年）左右	—	—	产地应是北方窑口
3	掐丝团花金杯	西安何家村唐代窖藏金银器	—		口径6.9、足外径3.6、足内径3.1、高6厘米		陕西历史博物馆藏，藏品号：七–100
4	素面银杯	西安沙坡村出土					
5	白瓷杯	河南陕县湖滨区刘家渠	—	唐墓	口径10.5、足径4.7、高7.7厘米	—	
6	白釉束腰花口碗（杯）	—	—	五代	口径9.5、足径4.5、高5.7厘米		现藏于河北定州市博物馆
7	瓷杯	偃师杏园唐墓M1435：25	—	下葬于玄宗开元十七年（729年）	口径7.8、底径4.4、通高4.8厘米	陈郡袁氏	—
8	三彩水盂	西安西北政法大学南校区34号唐墓，共2件		唐玄宗开元时期	形状相似，惟大小有别。一件口径3、腹径7、高3.9厘米；另一件口径3.4、腹径7.8、高5厘米	—	

注：江苏奎山唐墓出土未统计。宋代白釉杯依然有生产，如上海博物馆藏品，口径10.5、足径5.3、高7.2厘米，藏品号36595。

其次，墓主人的族属报告的编者认为是粟特人，但是相关证据并没有讲得很清楚。从表4-1比较可以看出，M4中出土的白釉单把瓷杯的祖型来源于唐代粟特式金银器，把这样的瓷杯作为重要的陪葬品下葬，一方面表明墓主人的粟特来源；另一方面，也为我们推论"石艺家族是昭武九姓的粟特石姓胡人的后裔"这一论

断提供有力支持。齐东方将这种单把杯称为“粟特式”单把杯[1]。

石艺家族为什么会在建安古城周围出现，他们以什么为业？我们重新细读一下石艺墓志。

M7 墓志，1 盒。M7：2，由两块等大的方砖组成，长 40、宽 36、厚 4.5 厘米，其中一块有墨书志文，字迹潦草，内容如下：

故君石氏墓誌 / 祖讳藝，君□（讳）□，□（家）在武威郡。因官歷任代州五臺原 / 西南界廿五里，因爲石村人也。今至贞元九年二月廿三日 / 石村□五百步平原，礼也。上祖龍（襲）封於此，盡身为 / 国，君乃守道有志，不求荣禄，潛光於世。□□□ / 其盛也，左鄰丘壑鴛（鵷）鶵（雏）奮迅之郊，右控平堙（yīn）/ 馬騈開之路。南联東冶滹水滔洋，北枕西峨崇崗 / 岌嶷（jínì）。墳達其所，雋石留之。庶萬古千齡与丘壑 / 而同炭燼。其词曰：/ 山□東峻，地勢西傾；滹波入漢，■■峨峰□□。■■ / 其右車馬之路，其左驢夷之城。捧□灌□，猨川流聲。/ 斯宝地■而建墳塋，恐□□□□，乃雋石爲铭。/[2]

虽说墓志的释读和断句方面还存在一些困难，但墓志中说石氏祖先“在武威郡因官历任代州五台”“祖袭封于此”，表明石氏从武威迁徙而来，并封有职官（表 4–2）。这样的信息对我们研究家族职业十分重要。凉州，西汉设置十三部州刺史之一。东汉初期其治所在陇县，三国时期称武威郡，其治所在姑臧，十六国时期的前凉、后凉、北凉都曾在此建都。

表4–2　北朝、隋唐时期祖籍姑臧（甘肃武威）的“昭武九姓”胡人统计表

序号	人名	职官时代	祖籍	族属	妻方夫方	出　处
1	安延	北周上开府、上大将军封号	河西武威人	粟特	汉人刘氏	荣新江、张志清主编：《从撒马尔干到长安》P110
2	安令节	隋末唐初从商	武威姑臧人	安息国	不明	荣新江、张志清主编：《从撒马尔干到长安》P110
3	安伽	北周同州萨宝、大都督	姑臧昌松人	粟特	不明	陕西省考古研究所编：《西安北周安伽墓》P61
4	史君	隋凉州萨宝	凉州		康氏	西安市文物保护研究院编：《北周史君墓》P296
5	康拔达	唐凉州萨宝	康国人	西域	不明	周绍良主编、赵超副主编：《唐代墓志汇编》上P124
6	何摩诃	唐	因官徙居姑臧			周绍良主编、赵超副主编：《唐代墓志汇编》上P670
7	若干元	唐	武威郡人			周绍良主编、赵超副主编：《唐代墓志汇编续集》P685

[1]　齐东方：《唐代金银器研究》，上海古籍出版社，2022年，第351页。
[2]　王力之：《忻阜高速公路考古发掘报告》，上海古籍出版社，2012年，第152页。

序号	人名	职官时代	祖籍	族属	妻方夫方	出　处
8	史思礼	唐壮武将军、右龙武军翊（yì）府中郎将	武威人			周绍良主编、赵超副主编：《唐代墓志汇编续集》P594
9	契必夫人	唐	凉州姑臧人	阴山	史氏	周绍良主编、赵超副主编：《唐代墓志汇编续集》P478

注：其他一些粟特胡人如康续、史宪诚[1]、契必何力[2]等表中未作统计。

石艺家族的职业为何？石艺家族自初祖从甘肃武威迁徙来建安颇让人疑惑。首先，我们将中原地区发现的唐代西域昭武九姓胡人中的石姓胡人，基本信息收集如下，见表4-3。

表4-3　唐代石姓"昭武九姓"胡人统计表

序号	人名	时代	职官或职业	妻子	祖籍	族属
1	石艺	贞元九年（793年）	推测为牧马		（甘肃）武威	粟特
2	石默啜	元和十一年（816年）	易武军节度易州高阳军都兵马使银光禄大夫兼监察御史	康氏	乐陵郡应是北魏乐陵郡（今山东乐陵县南）	粟特石国人的后裔
3	石忠政		平民	何氏		怀疑他为粟特人后裔
4	石善达	天复元年（901年）		正夫人为泾州安定郡安氏，次为王氏	凉州武威郡	
5	石善达长子	天复元年（901年）	振武节度押衙□□	何氏	凉州武威郡	
6	石神福	卒于元和八年（813年）	成德军任大将，兼令勾当右厢草马使事		金谷郡	

注：石善达的次子迪光、夫人康氏，次子千郎、夫人史氏，不另立表格。

从表4-3可知，石姓粟特人入驻中原的基本职业既有监察御史、勾当右厢草马使，也有平民和职业不明的如：石善达。石艺家族共5座墓葬，推测有三到四代人埋葬于此，约一百余年的时间。周一良先生认为，现在的忻定盆地北齐时期已是

[1] 毕波：《中古中国的粟特胡人——以长安为中心》，中国人民大学出版社，2011年，第63页。
[2] 周绍良主编、赵超副主编：《唐代墓志汇编续集》，上海古籍出版社，2001年，第478页。

主要马场，《北齐书》卷四〇《白建传》："除大丞相骑兵参军。清河三年突厥入
境。代忻二牧悉是细马，合数万匹。在五台山北柏谷中避贼。"也是代州忻县养马
之证[1]。代州、忻县在晚唐时期依然是唐政府最主要的牧马场。从《山西省历史地
图集——隋唐五代时期少数民族分布图》可知：唐五代时期突厥、沙陀与汉人杂居
地主要是在现在忻州往东，涵盖定襄、五台的大部分地区[2]。

昭武九姓之石国

石或曰柘支，曰柘折，曰赭时，汉大宛北鄙也。……王姓石，治柘折城，故康
居小王窳（yǔ）匿城地。……武德、贞观间，数献方物。显庆三年（658年），以
瞰羯城为大宛都督府，授其王瞰土屯摄舍提屈昭穆都督。开元初（约713年），封
其君莫贺咄吐屯，有功，为石国王。二十八年（740年），又册顺义王。[3]

窳匿城，原为汉代康居五小王之一的窳匿王所治，《汉书·西域传》记为窳匿
城。该城位于康居组成部分的乐越匿地区，后者即今塔什干地区。

忻定盆地的滹沱河、桑干河流域早在东汉、魏晋时期就是重要的牧场。北魏
负责官营畜牧业的职官相当复杂，且屡经变更。主要有太仆卿、太仆少卿、驾部
尚书、都牧、驾部二曹给事中、牧官中郎将、典马令、龙牧曹奏事中散、典牧令、
典牧都尉、驼牛都尉等，分属中央和地方。官营牧场上的放牧者称为"牧子"或
"牧民"，绝大多数是被征服的游牧民族的部民。北魏晚期，纷纷举行暴动。《魏
书·尔朱荣传》："南秀容牧子万子乞真反叛，杀太仆卿陆延，并州牧子素和婆嵛
崄（xiǎn）作逆，……敕勒斛律洛阳作逆桑干西、与费也头牧子迭相犄角。……"[4]
南秀容就是今天的忻州市[5]。

王怡辰认为北齐后期（武成帝高湛）北朔州作为战马牧场，由于北周联合突
厥攻击晋阳的压力逐步迁入五台山地区[6]。"河清二年（563年）突厥入境，代、
忻二牧悉是细马，合数万匹，在五台山北柏谷中避贼。贼退后，敕（白）建就彼
检校，续使人诣建间领马，送定州付民养饲。建……违勅以便宜从事，随近散付
军人。启知，敕许焉。戎乘无损，建有力焉。"[7] 其实在文宣帝高洋天保元年（550
年），出身太原的白建在晋阳罢相府后，白建就负责保留的骑兵曹[8]，之后不久天
保六年（555年）于今朔州西南四十七里新城至朔州；天保七年（556年）置恒安
镇，又废镇置恒州。八年（557年）仍移于马邑城[9]。

中晚唐时期山西并州、忻州等地区更是中央政府重要的牧马繁殖地。《故唐

[1] 周一良：《魏晋南北朝史论集》，北京大学出版社，1997年，第136页。
[2] 山西省地图集编纂委员会：《山西省历史地图集》，中国地图出版社，2000年，第178页。
[3] 许序雅：《〈新唐书·石国传〉疏证》，《西域研究》1999年第4期。
[4] 杜世铎主编：《北魏史》，山西高校联合出版社，1992年，第460～461页。
[5] 刘纬毅编著：《山西历史地名通检》，山西教育出版社，1990年，第86页：秀容县北魏永兴二年（533
年）置，为秀容郡治，隋开皇十年（598年）为忻州治，唐宋金元因之……。
[6] 王怡辰：《东魏北齐的统治集团》，文津出版社有限公司，2006年，第329页。
[7] （唐）李百药撰《北齐书》（全两册）卷四十《白建传》，中华书局，1972年，第532～533页。
[8] （唐）李百药撰：《北齐书》（全两册）卷四《文宣纪》，中华书局，1972年，第54页。
[9] （宋）乐史撰，王文楚点校：《太平寰宇记》（全九册）卷51朔州条，中华书局，2007年，第412～413页。

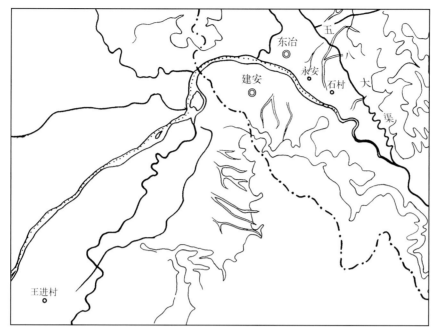

图4-8　王进村与墓地关系图

武氏墓志》记，墓主武氏乃"河东节度都押衙兼征马使特进前行右千牛卫大将军苏日荣之妻"。武氏卒于大历十年（775年），当时其丈夫苏日荣为河东节度都押衙兼征马使，由此得知征马使的时间要比《唐内侍武自和墓志》中神策军贞元十四年（798年）的征马使要早24年。……河东道在唐文宗大和六年至七年之间（832～833年）令狐楚任河东节度使，还有"征马使穆林"。说明这一时期河东道之征马使与左右神策军一样已成为常设使职。河东征马使穆林在管内忻州定襄县王进封村马群内发现异驹一匹，图画状报河东节度使，节度使令狐楚则以前表后状具图之形式奏报皇帝。令狐楚在《进异马驹表》中提到："得当道征马使穆林状称，忻州定襄县王进封村界，去五月十二日夜，孳生马群内异驹一疋（匹），白骝父马，画图送到者。臣谨差虞侯辛峻专往勘验，并母取到太原府[1]。"令狐楚任河东节度使在唐文宗大和六年至大和七年[2]，对照（清）雍正五年重续的《定襄县志》和《山西省地图集——定襄县》都有"王进村"，现在"王进村"东距县城3000米，只是《定襄县志卷一·地理志》记其位置为"城东领五郡，王村都，王进村"（图4-8）。

　　还有一条史料特别值得关注。开元九年（721年）四月康待宾（六胡州粟特人）之反，唐廷迅速调集军队镇压，玄宗皇帝下发的敕文："朕今发陇右诸军马骑

　　[1]　（宋）李昉等：《文苑英华》卷六一三，令狐楚《进异马驹表》，中华书局，1966年，第3176页。
　　[2]　贾志刚：《从征马使一职看中唐以后战马征用》，《唐史论丛》（第十四辑），陕西师范大学出版社总社有限公司，2012年，第341～346页。

掩其南，征河东九姓马骑袭其北，……。"[1]这里的"河东九姓骑"应该就是今山西太原、忻州、代县等地的粟特九姓胡人骑兵。

　　另外，宁志新探讨了石神福墓志中草马的问题，并引用"唐大中六年（852年）六月，河东节度使兼太原尹李业奏：'当管诸军州草马，准贞元三年（787年）十二月十三日敕文，不许出界。又准去年五月十五日司门转牒，诸道应有草马准敕并不命出界。今缘近日诸道差人，于当管市马，不依敕文，并收草马。伏乞天恩，诏下诸道，准元敕约勒。'"看来朝廷对草马十分重视，并且不许诸道至河东地区市马[2]。这是对唐代州、忻县附近有官马养殖场这一观点最好的补充。

　　通过以上论述，我们基本可以确定石艺家族是牧马为业的家族。

四　北魏的"驴夷古城"与唐代"五台县城"关系

　　M7墓志中提到墓地"其左驢夷之城"是一个非常关键的信息。"驢夷"即"驴夷"。《五台县志》的历史沿革中载："据《禹贡》记载，五台古为冀州域。……《汉书·地理志》载，西汉置滤泗县，因县城西北有滤泗山，环城有滤泗河而得名。……三国时期属魏，隶并州新兴郡，为匈奴北部帅所居。……北魏太和十年（486年）恢复滤泗县；讹读为'驴夷'，属永安郡肆州。北齐仍名驴夷，改属雁门郡，北周因之。隋大业三年（607年）改名五台县，因五台山而得名，仍属雁门郡。唐属代州。"[3]代州五台县，本汉慮虒县，属太原郡，因慮虒水为名也（图4-9）[4]。这样看来，"驴夷"真正的来源是"滤泗"或"慮虒"。虽说"滤""慮"与"驴"发音相近，但是"夷"与"泗""虒"还是很难通假或音转。

　　"夷"这个字，由来已久。最早见到是在甲骨文"东夷"。（清）孙诒让认为，"夛当读为夷"，是夷之古字作尸。《孝经》"仲尼居"《释文》上："尼本作𡰥，为古夷字。"《汉书·高帝本纪》上："司马𡰥将兵北定楚地。"师古曰："𡰥古夷字。""𡰥"字盖为"尸"字之重文[5]。王玉哲先生在《中华民族的早期源流》一书中认为："考宗周初年，中国东部有所谓'东夷'，大概是殷时的'尸方'，按'尸'即古'夷'，卜辞有'纪伐尸方'之辞：'癸巳贞，王旬亡𡉀，在二月，在齐𫛸。惟王来征尸方。（《殷墟书契前编》2.15）[6]。"夷"这个字的正确发音应当为"尸"，与"泗""虒"相近。

　　驴夷县：北魏太和十年（486年）置，隋大业初年改为五台，即今县。五

　　[1]　李鸿宾：《慕容曦光夫妇墓志铭反映的若干问题》，《唐史论丛》（第十四辑），陕西师范大学出版社总社有限公司，2012年，第148页。

　　[2]　宁志新：《隋唐使职制度研究（农牧工商编）》，中华书局，2005年，第192页。

　　[3]　五台县志编纂办公室编：《五台县志》（七卷本），1984年，第一卷第4页。

　　[4]　（唐）李吉甫撰：《元和郡县志》，中华书局，1983年，第403页。

　　[5]　（清）孙诒让著，戴家祥点校：《古籀（zhòu）余论》卷三，华东师范大学出版社，1988年，第65、第101页。

　　[6]　王玉哲：《中华民族的早期源流》，天津古籍出版社，2012年，第35页。

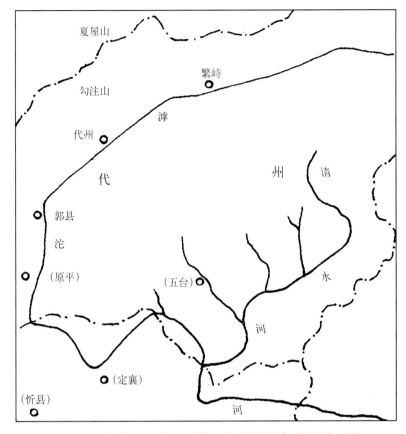

图4-9　隋唐五代十国时期五台归属图与墓地关系图

台县：隋大业二年（606年）改驴夷县为五台县，属雁门郡。唐宋属代州，金贞祐四年（1216年）升为台州，元不改[1]。《魏书·地形志》："肆州永安郡，后汉建安中置新兴郡，永安中改。领县五，户二万二千七百四十八人，口一十万四千一百八十五。有定襄、阳曲、平寇、蒲子、驴夷。驴夷，二汉属太原，曰虑虒，晋罢，太和十年复改。永安中属。有思阳城、驴夷城、仓城、代王神祠[2]。""代州五台县，本汉虑虒县，属太原郡，因虑虒水为名也。晋省。后魏孝文帝复置，即今县理是也，属新兴郡，高齐改属雁门郡，隋大业二年改为五台县，因山为名也。"[3]

上述文献透露给我们几点信息：

（1）五台县汉代称"虑泗"。

（2）驴夷县本北魏太和十年始置，隋大业二年改称为五台县。

（3）驴夷县在北魏时期属于肆州永安郡，共有五座城池，分别为定襄、阳曲、平寇、蒲子、驴夷；而驴夷县下属又有思阳城、驴夷城、仓城、代王神祠。上引《魏书·地形志》中"永安中属"的正确理解应当是"北魏永安时期（孝庄帝

[1]　刘纬毅编著：《山西历史地名通检》，山西教育出版社，1990年，第86页。

[2]　（北齐）魏收撰：《魏书·地形志》卷一百六上，中华书局，1974年。

[3]　（唐）李吉甫撰：《元和郡县志》，中华书局，1983年，第403页。

永安年间 528 ~ 530 年）重新属于肆州永安郡"。在《五台县志》（七卷本）第五卷第 81 页中载："永安村魏晋仓城遗址，在东冶公社永安村东北侧高岗上，距永安村里许。南北长 300 公尺，东西宽 250 公尺，面积 75000 平方公尺，当时为储粮之城。目前轮廓可辨，布纹砖瓦碎片偶有发现。"[1] 这座面积不大的小城应是文献中提到的"仓城"。汉唐时期的驴夷县城在现今五台县北的故城村。据《五台县志》（七卷本）：古城村汉代滤虖城遗址，在城关公社古城村之北，南北宽 1150 公尺，东西 1460 公尺，面积 1679000 平方公尺，东北和东南两方残存板筑土城墙遗迹。遗址内保存有春秋时的中型古墓葬。20 世纪 50 年代，出土了"大布黄千、小布一百"等王莽时期货币[2]。这座故城规模宏大，应是汉唐时期驴夷县治所在地，与本文的考证不谋而合。那么墓志中所说的"驢夷之城"指的是什么时代的哪座城址？

我们猜测唐代的驴夷县下属的驴夷城应该就是墓志中提到的驴夷之城，它的具体位置就是墓地中所说的"其右車馬之路其左驢夷之城"。据目前考古调查所知，在建安村东发现一座古城，面积小于今五台县的"滤泗古城"，报告编者确认是"建安古城"。本人认为它应当是魏晋时期驴夷县下属仓城——驴夷城。只有这样，早期的文献与考古资料之间的矛盾才能解决，也只有这样，驴夷城规模与故城村相比较小才好理解；另一方面，石艺家族在仓城附近牧马且葬于此地才比较合理。

五　结语

通过以上论述，我们初步可以认定：永安墓地的石姓家族为一个独立的家族墓地，并且他们的远祖来自甘肃武威的"昭武九姓"胡人。五台建安"昭武九姓"胡人家族墓地的发现让我们看到，一千年前内迁的普通石姓"昭武九姓"胡人家族已明显汉化的历史事实，墓葬已使用汉人普遍采用的昭穆制，如果不加以仔细辨识，根本无法发现其独特且真实的"昭武九姓"胡人家族墓葬特质。

2013 年 8 月 3 日立秋之前完成；2014 年 11 月 10 日再次修改；2020 ~ 2022 年发现北齐五台山养马资料，再改。

---

[1]　五台县志编纂办公室编：《五台县志》（七卷本），1984 年，第一卷，第 4 页。

[2]　国家文物局主编：《山西文物地图集》，中国地图出版社，2006 年，第 577 页。古城城址，台城镇古城村东北约 1000 米，《文物参考资料》1954 年第 1 期。五台县志编纂办公室编：《五台县志》（七卷本），1984 年，第一卷，第 81 页。

伍 应县木塔文物管理所藏昭武九姓胡人墓志

王俊（山西省考古研究院）

殷宪先生 2006 年在《唐研究》上公布了一方应县 2000 年在桑干河东岸栗家村附近出土的《□大唐北京太原府朔州兴唐军石府君（善达）墓志》，墓主就是昭武九姓胡人。殷宪先生作了详细的解读。如有兴趣，请参看《唐研究》第十二卷[1]。

在河北邯郸地区在唐末也发现有"昭武九姓"胡人的墓志，主要有米文辨和何弘敬墓志；两位墓主人均明显汉化，且分别著籍河东和庐江；但何弘敬之母姓康，其夫人武威安氏，仍与昭武九姓胡人通婚；死后的葬地均为魏州贵义县恐怕不是偶然[2]。

2015 年，笔者偶然的机会在太原解放路古籍书店中购买到朔州雷云贵先生主编的《三晋石刻总目（朔州市卷）》[3]，因为 2014 年山西右玉县区域考古调查报告的编写需要晚期石刻资料就随手买下它。当回到家里仔细阅读后，发现应县木塔文物管理所珍藏的三方唐代"昭武九姓"胡人墓志，激动的心情难以言表。第二天我便和师弟刘岩联系，希望他能帮我联系一下应县文物部门。时间过去了半年，我几乎绝望。偶然的机会，我想起来朔州文物旅游局的孙文俊师兄，希望他能帮助我再联系一下应县木塔文物管理所，得到了对方肯定答复并同意我做观察和传拓。当我踏上去应县的道路，看到这三方墓志的时候，志忑的心终于放下来了。在应县文物部门的支持、配合下，我对这三方墓志进行仔细地观察和测量。现在具体情况报告如下[4]。

1. 康君墓志

盖有十二生肖、回字纹外围栏。首列 20 字 9 个小字，共 16 列，每列 24 字。盖盝顶，通高 10、顶宽 7 厘米，座厚 5 厘米；志石长 55、宽 54、厚 8 厘米。细砂

[1] 殷宪：《石善达墓志考》，《唐研究》第十二卷，北京大学出版社，2006年，第459~478页。殷宪：《大同新出唐辽金元志石新解》，山西出版集团、三晋出版社，2012年，第117~121页天复元年（901年）《石善达墓志》。

[2] 任乃宏著：《邯郸地区隋唐五代碑刻校录》，中国文联出版社，2014年，第33、37页。

[3] 雷云贵编著：《三晋石刻总目（朔州市卷）》，山西古籍出版社，2006年。

[4] 2015年10月8~18日借右玉县苍头河流域考古调查报告编写核对标本的机会，我对应县发现的三盒晚唐粟特人墓志进行实地考察，能够在它发现的近30年后还能完整地看到它，真是与我有缘。2016年5月16~19日，再次往应县对发现的墓志做拓片，工作十分顺利；6月15日对拓片进行扫描，终于开始对墓志进行完整释读了。

岩制成。

2. 曹君墓志

盖有十二生肖、回字纹外围栏。首列 19 字，共 19 列，每列 24 字。盖通高 11、顶宽 20 厘米，座厚 5 厘米；志石长 55、宽 54、厚 8 厘米。粗砂岩制成。

3. 何公墓志

盖通高 6、顶长 14.5、宽 14 厘米，座厚 3 厘米；志石长 48、宽 47.5、厚 7 厘米。石灰岩制成。

第一节　昭武九姓之何国、安国、康国、米国

1. 何国

或曰屈霜你迦，或曰贵霜匿，即康居小王附墨城故地也。城左有重楼，北绘中华古帝，东突厥、婆罗门，西波斯、拂菻等诸王，其君旦诣拜则退。贞观十五年，遣使入朝（《新唐书·何国传》）。许序雅认为，屈霜你迦是阿拉伯语库沙尼亚的对音，今撒马尔罕西北 75 千米。何国城楼上的绘画，一方面说明何国与中国、突厥、印度、波斯与东罗马之间的广泛联系；另一方面说明，在相当长的一个时期，何国的伊斯兰文化程度是不深的[1]。

2. 安国

安者，一曰布豁，又曰捕喝，元魏谓忸密者。东北至东安，西南至毕，皆百里所。西濒乌浒河，治阿滥谧城，即康居小君罽宾王故地。大城四十，小堡千余……武德时遣使入朝。贞观初，献方物……其王诃陵迦又献名马。……是岁，东安国亦入献。安国，国治在今乌兹别克斯坦布哈拉。安国都城阿滥谧，许序雅认为是布哈拉城郊区最著名的一个大镇，至今尚存古代遗留下的城堡[2]。东安国，或曰小安国，曰喝汗，在那密水之阳，东距何国百里许，西南至大安四百里。治喝汗城。据托马舍克及巴托尔德研究，喝汗应当是卡尔干卡特，该城位于那密水（泽拉夫善河）之南。

3. 康国

《通典·边防九·西戎》引隋代韦节《西蕃记》云："康国人并善贾，男年五岁则令学书，少解则遣学贾，以得利多为善。其人好音声。以六月一日为岁首，至此日，王及人庶并服新衣，剪发鬓。在国城东林下七日马射，至欲罢日，置一金钱于贴上，射中者则得一日为王。俗事天神，崇敬甚重。云神儿七月死，失骸骨，事神之人每至其月，俱著黑叠衣，徒跣抚胸号哭，涕泪交流。丈夫妇女三五百人

---

[1]　许序雅：《唐代丝绸之路与中亚史地从考——以唐代文献为研究中心》，商务印书馆，2015年，第108页。

[2]　许序雅：《唐代丝绸之路与中亚史地从考——以唐代文献为研究中心》，商务印书馆，2015年，第69页。

散在草野，求天儿骸骨，七日便止。国城外别有二百余户，专知丧事，别筑一院，院内养狗。每有人死，即往取尸，置之院内，令狗食之，埋骸无棺椁。"这些重要信息在《隋书·西域传》"康国条"中几乎没有得到反映[1]。

4.米国

或曰弥末，曰弥秣贺。北百里距康。其君治钵息德城，永徽时为大食所破。……开元时，献璧、舞筵、师子、胡旋女。十八年，大首领末野门来朝。天宝初，封其君为恭顺王，母可敦郡夫人。（《新唐书》卷二二一下，第6247页）米国，北魏时称作"迷密国"，《隋书·西域传》米国，都那密密水西，旧康居之地也。《大唐西域记》卷一作弥秣贺，称该国位于飒秣建国东南，劫布呾那国（唐言曹国）之南[2]。据沙畹、巴托尔德、马小鹤、许序雅等学者考证，米国都城就是今撒马尔罕以东60千米的喷赤干古城遗址。许序雅认为米国城难以确定。……从地望上看，贾耽所言米国城似指加尔迪齐所指出的胡特科雅勒村，该村距碎叶城1法尔萨赫，约12.5华里；也可能米国城是指碎叶以西的班吉克特大镇，该城东距碎叶2法尔萨赫，约25华里[3]。

第二节　昭武九姓胡人墓志

一　何公（讳某）墓志

何公（讳某）墓志1一盒，唐故何公墓志并序（长庆四年即824年）（图5-1、2）。

1.何公墓志

盖通高6厘米，顶长14.5、宽14厘米，座厚3厘米；志石长48、宽47.5厘米，厚7厘米。石灰岩制成。应县边耀村出土。

志盖："何公墓志"，四字，上下连读。楷书。盖上有界格，四角刻花卉，其余线刻十二生肖。

志文：

唐故何公墓志并序■■寄贯云州奉城军节度散将／

曾讳■，祖讳■，翁讳神忠，■父讳万迪，■博陵母安氏。／南阳公者，性清贞谨，忠孝从人；武勇三端，众称不坠。袭戎／阀阅，竭节河东；苦效倾心，无不穿宄。赐授勋告，云麾将军；尽力捍／边，约卅载矣。妻，安氏，礼备三从，德兼六行。容正闲雅，威仪肃恭。／拜待私庭，尽忠尽节。二俱年考，退就田园。偃仰恬

[1] 余太山：《〈隋书·西域传〉的若干问题》，《两汉魏晋南北朝正史西域传研究》（上、下），商务印书馆，2013年，第568、569页。

[2] （唐）玄奘、辩机原著，季羡林等校注：《大唐西域记校注》，中华书局，1985年，第89页。

[3] 许序雅：《唐代丝绸之路与中亚史地从考——以唐代文献为研究中心》，商务印书馆，2015年，第100页。

图5-1　何公墓志盖拓片

神，萧遥自／在。闾巷之中，常为襟袖。神理不祐，灾患忽临，诸疗无瘳（chōu），禄（禄）随／逝水；魄散长空，魂分四大。神识何倚，真真陇台土，寄子孙景佺／等。龙蛇不辨，异色难悛，或朽或荣，孰知孰测，宣呈家代，铭／烈幽祇，累世流传，千年莫歇，岁登长庆，律坐执徐，女千日／毕，八月受壮，九月分飞，十月升阳，冬为白藏，佳会玄期，镌／趓已罢，聊讃序云，乃作讼曰：■日月有轮回，山河久立摧；／业风吹力尽，裂破鬼门关；万事无依托，魂随永夜台。／千秋流不朽，来往悉成灰；抱节入幽真。玄堂转复清，／神随大道去，无灭更还生。旷野川长远，云兴五色迎，／向坟星月照，猿泣鹰孤鸣。■长庆四年十月廿五日记。／

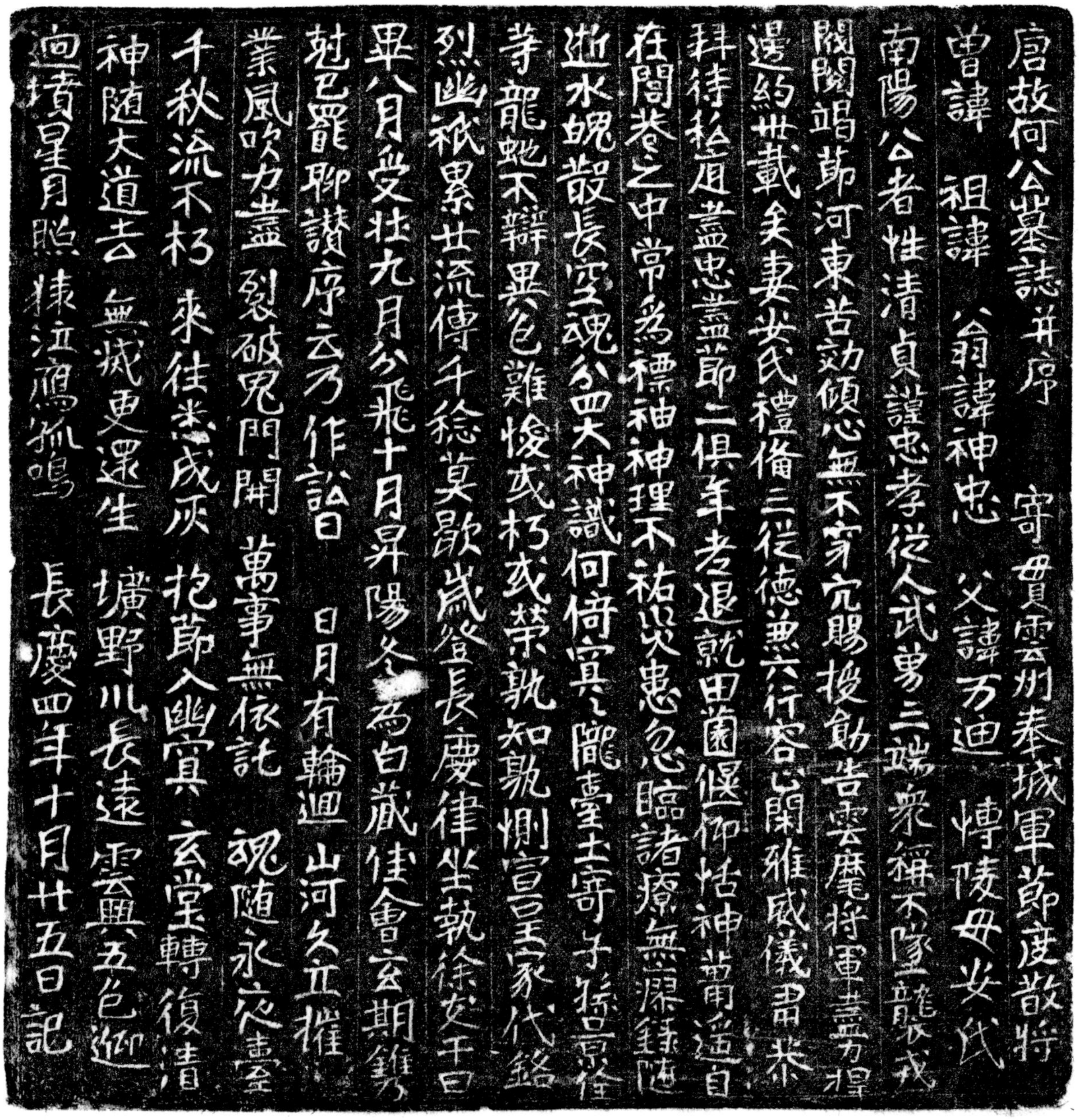
唐故何公墓誌并序　寄貫雲州奉城軍節度散將
曾諱　祖諱　翁諱神忠　父諱万迪　博陵毋安氏
南陽公者性清貞謹忠孝從人武勇三端衆稱不墜襲戎
閥閥蹈節河東苦効傾心無不穷究賜授飭告雲麾將軍盡力揮
邊約卅載夫妻安氏禮備三從德兼六行容閑雅威儀甚恭
拜侍松庭盡忠盡節二俱年老退就田園偃仰恬神蕭遥自
在閭巷之中常爲標袖神理不祐災患忽臨諸療無瘳錄隨
逝水魄散長空魂歸大神識何倚冥冥隴臺子寄子孫哀徑
荢龍蛇不辯異色難倹或朽或榮孰知孰惻宣呈家代銘
烈幽祇累廿流傳千稔莫歇歲登長慶律坐執徐芙于曰
畢八月受壮九月分飛十月昇陽冬爲白藏佳會玄期雙
射色罷聊讃序云乃作詺曰　日月有輪迴　山河久立擢
業風吹力盡　裂破鬼門開　萬事無依託　魂隨永夜臺
千秋流不朽　來往悉成灰　抱節入幽冥　玄堂轉復清
神隨大道去　無識更還生　壙野川長遠　雲輿五色迎
迴墳星月照　猿泣鴈狐鳴　長慶四年十月廿五日記

图5-2　何公墓志石拓片

2.字词解读

（1）云州奉城军节度散将：云州，《旧唐书·地理志二》河东道条："云州，隋马邑郡之云内县界恒安镇也。武德四年，平刘武周。六年，置北恒州。七年，州废。贞观十四年（640 年），自朔州北定襄城，移云州及定襄县置于此。永淳元年（682 年），为贼所破，因废，乃移百姓于朔州。开元二十年（732 年），复为云州。天宝元年，改为云中郡。乾元元年，复为云州。"[1] 殷宪先生认为云州之名起始于唐肃宗至德二载（757 年）十二月"罢郡为州"之时，出土于大同城西南振

[1]　（后晋）刘昫等撰：《旧唐书·地理志二》，中华书局，1975年，第1487页。

华街附近的《唐故同十将冠军大将军左金吾卫大将军李君墓志铭并序》证明唐德宗贞元九年（793 年）这里已不称定襄郡或云中郡，而是云州。……至晚唐僖宗乾符中云州之制、之称未变[1]。据《唐六典》，河东节度使，其统有大同、横野、岢岚三军，云中捉手属焉。云州的军府，从现今发现的墓志中收集，列表 5-1 如下：

表5-1　晚唐时期大同、朔州的军府一览表

序号	墓主人	年代	所在军府	职官
1	梁秀	748年	定襄郡定襄府	果毅都尉
2	康日知	784年	奉诚军	同州刺史、节度使
3	常崇俊	790年	大同军	折冲都尉
4	李海清父	793年	天德奉诚军	十将
5	武青	793年	横野军	军使
6	王液	815年	清塞军	副使
7	安氏	817年	奉诚府、尚德府	十将、折冲
8	何公	824年	奉诚军	节度散将
9	张山岸	824年	大同军府城	不明
10	武言	827年	奉诚军	押衙

奉城军，殷宪先生释为"奉诚府"[2]。奉诚军，据《新唐书·方镇志》，唐德宗兴元元年（784 年）"罢京畿节度使，以同州为奉诚军节度，领同、晋、慈、隰四州。"[3]同州在今陕西大荔县，而晋州为山西临汾，慈州为今山西吉县，隰州为今山西隰县。可见从当时的陕西东部到山西西部的奉诚军也与山西北部、内蒙古南部的天德军合在一起[4]。天德军，本在内蒙古包头南大同川地，后又徙自今大同。

殷宪先生在唐元和十二年（817 年）《李公夫人安氏墓志》中发现奉诚府与尚德府并举；《新唐书·王方翼传》："徙瀚海都护司马，坐事下迁朔州尚德府果毅。"可见尚德府属朔州，且在元和十二年左右还存在，但《新唐书》《旧唐书》均失记，可补史缺。另外，《旧五代史·安叔千传》："其先沙陀三部人"，宋注云："安叔千（881 ～ 952 年）本贯云州界户奉诚军灰泉村。"看来，很晚的安姓

---

[1]　殷宪：《大同地区出土唐代墓志中的大同城》，《魏晋南北朝史论文集——中国魏晋南北朝学会第八届年会暨缪钺先生百年诞辰国际学术研讨会论文集》，四川出版集团、巴蜀书社，2006年，第202页。文中的个别词句由于行文的需要作者在引述中做了调整，特此说明。

[2]　殷宪：《元和十二年（817年）〈李公夫人安氏墓志〉》，《大同新出唐辽金元志石新解》，三晋出版社，2012年，第63页。

[3]　（宋）宋祁、欧阳修等著：《新唐书》卷六十四表四，中华书局，1975年，第1770页。

[4]　殷宪：《贞元九年（793年）〈李海清墓志〉》，《大同新出唐辽金元志石新解》，三晋出版社，2012年，第26～27页。

沙陀人安叔千也是著籍"云州奉诚军"。

节度散将，应为节度使散列将的省称。张国刚先生认为，比照唐代对散兵马使等的规定，散将当亦不统兵[1]。

（2）赐授勋告，云麾将军：据《旧唐书·职官志一》；"十将军，为散号将军，以加武士之无职者。辅国、正二品。镇军、从二品。冠军、正三品。云麾、从三品。忠武、壮武、宣威、明威、信远、游骑、游击自正四品至从五品下。"

（3）冬为白藏：由于"昭武九姓"胡人对儒家经典陌生，把"冬为玄英"写成"冬为白藏"。《尔雅·释天》："秋为白藏。为收成。"郭璞注："气白而收成。"《尸子·仁意》："春为青阳，夏为朱明，秋为白藏，冬为玄英。"《周书·武帝纪下》："今白藏在辰，凉风戒节，厉兵诘暴，时事惟宜。"

（4）长庆四年十月：824年唐穆宗，按四年正月敬宗即位沿用。

二　康君（讳荣）墓志

康君（讳荣）墓志1盒（图5-3、4）。

1.康君墓志

唐故会稽郡康府君夫人武（感）威郡米氏合祔墓志铭并序（咸通六年（865年）葬）。

康君墓志：盖线刻有十二生肖、回字纹外围栏。首列20字9个小字，共16列，每列24字。盖盝顶，通高10、顶宽7、座厚5厘米；志石长55、宽54、厚8厘米。细砂岩制成。应县黄花梁出土。

志盖："康君墓志"，四字，上下连读，篆书。

志文：楷书。

唐故会稽郡康府君、夫人武感（威）郡米氏合祔墓志铭并序■■乡贡进士白元之 /

府君讳荣，家本云中左归义府人也。■曾讳胡？，■祖讳铢。并门传 / 武略，世习儒风，弈业连芳，光于后裔，其受氏受封之始，立人立孝，/ 具在谱牒？，此不复书。■公即府君弟一之子也。幼而特立，孝悌出群；/ 恢弘节操，廓落英雄，刚直有礼。智惠无师，资恭敬于家门，倾仁义 / 于乡党。公温柔敦厚，气质峥嵘，官封司马于部落，□（岁？）久而弥芳。守 / 职崇班于亲族，而以光闾里砂场，效展无处不征。军府施劳尽皆雅美，/ 何图积善无庆云。咸通五年三月一日终于常宁私第，享年八十有一矣。■ / 夫人米氏，心能贞孝，气袭兰荪，出装合而三春花发，步庭宇而满面苏 / 凝，能垂慈训，长保和鸣。齐眉于举案之间，闲敕于琴瑟之内，为六姻之 / 师范，成一家之■门风者，□（皆？）夫人茂德也。以咸通五年

[1]　张国刚：《唐代藩镇军将职级考略》，《学术学刊》1989年第5期。

图5-3　康君墓志盖拓片

十二月廿五日遘疾而／殁（mò）。享年七十有七矣。男公干见守，本府部落十将，克遵严训，忠孝修身，名／节无替，家叶渐殷，常结寒松之志，每怀金石之心，精诚备礼。以咸通六年十／月廿五日合祔于黄花堆东□（时？）下原之葬也。嗣子但以悲深陟岵，恨切风枝。卜宅兆／以摧心，恋■慈颜而泣血，儿之愿真菲薄。大敛家风，诚诧荒芜，叙述■先德，铭曰：／康米二氏，有德有贤；枝叶腾茂，军府推迁；殡之厚礼，葬之平原。／魂随夜月，魄散云川，寂寂丘垅，幂幂幽泉，以琢以诵，谁不潸然。／

图5-4　康君墓志石拓片

2.字词解读

（1）云中左归义府：云中，应当是"云州"的别称。"会昌三年（843年），河东节度使罢领云、蔚、朔三州，以云、蔚、朔三州置大同都团练使，治云州。次年，升大同都团练使为大同防御使。"[1]"大中十三年（859年）三月，割河东云、蔚、朔三州隶大同军。"[2]后一条史料，张瑜已做过辨证。关于防御团练使，《旧

[1]　（宋）宋祁、欧阳修撰：《新唐书》卷六十五《方镇表二》，中华书局，1975年，第1819～1825页。

[2]　（宋）司马光著，胡三省注：《资治通鉴》卷二百四十九《唐纪六五》，大中十三年三月条，中华书局，1956年，第8075页。

唐书》载："至德后，中原置节度使。又大郡要害之地，置防御使，以治军事，刺史兼之，不赐旌节。上元后，改防御使为团练守捉使，又与团练兼置防御使。"[1]

左归义府：应当是"左先锋归义府"的省称。与应县发现的晚唐"曹荣墓志"中曹荣祖父所任的"河东节度左先锋军归义州长史"基本相同。根据王策先生统计，《两唐书》唐政府曾先后三度设立归义州。其一，归义州（府）的设置最初应在高宗总章（668～670年）年间，用于安置新罗降户。隶幽州都督，地点在良乡县古广阳城，州所治也。其二，在肃宗、代宗年间（756～762年）置，原居住在泾、陇的内附党项请立。其三，开元中（732年）用于安置李诗高琐五千帐的奚族[2]。

（2）司马：《新唐书·百官志四下》，外官包括："天下兵马元帅、副元帅，都统、副都统，行军长史，行军司马、行军左司马、行军右司马，判官，掌书记，行军参谋，前军兵马使、中军兵马使、后军兵马使，中军都虞侯，各一人。"殷宪先生在《咸通六年（865年）刘良信墓志》中认为："司马为从第三品，前军兵马司职衔同十部郎将，为四至五品秩。"[3]

（3）咸通五年三月：为公元864年，唐懿宗朝。

（4）公干：这个词语最早出现在何时，目前不明。在王瑛《宋元明市语汇释（修订增补本）》中收录了这个词语，现录于下：公干，公事。《绮谈市语·拾遗门》："公事，公干。"《元曲选·渑池会》楔子："兀那使命，你此一来，有何公干？"用作动词则为办理公事。《水浒传》十四回："晁盖道：'都头官身，不敢久留，若再到敝村公干，千万来走一遭。'"[4]看来"公干"一词，最早出现应该是一个口语词，且在晚唐已经出现。

（5）本府部落十将：本府指的是云中左归义府，部落指的是沙陀三部落。刘惠琴、陆海涛认为："无疑就是《僖宗本纪》之沙陀、萨葛和安庆。"并且，引用蒲立本的观点，"最合理的推理就是六胡州形成了萨葛和安庆两个部落"，最后进一步指出，萨葛部落出现的时间当在大和元年（827年）至开成（836～840年）年间[5]。近来公布的河北易县的《曹太聪墓志》中也有"部落"这样的说法，看来"云中左归义府"也是羁縻府[6]。张国刚先生认为："十将又叫什将，位于兵马使之下。……十将（正将、副将、将）的命名，或以兵种分。……李筌《教旗图》于教场左右有十将，每将领兵一千人。然而作为职级之一的十将绝不是十位将领之

[1]　（后晋）刘昫等撰：（百衲本）《旧唐书》（全二册），卷44《职官志三》，国家图书馆出版社，2014年，第1923页。

[2]　王策：《唐归义王李府君夫人清河张氏墓志》，《北京文物考古》2004年第10期。

[3]　殷宪：《咸通六年（865年）刘良信墓志》，《大同新出唐辽金元志石新解》，三晋出版社，2012年，第95页。

[4]　王瑛：《宋元明市语汇释（修订增补本）》，中华书局，2008年，第41页。

[5]　刘惠琴、陆海涛：《唐末五代沙陀集团中的粟特人及其汉化》，《烟台师范学院学报（哲学社会科学版）》第18卷第2期，2001年第6期。

[6]　赵振华：《唐代易州一个汉化的突厥粟特裔部落——〈高阳军马军十将曹太聪墓志〉研究》，《粟特人在中国——考古发现与出土文献的新印证》（上、下），科学出版社，2016年，第685～697页。

意，也不会领兵一千人。值得注意的是'教步兵图'，于左右厢兵马使、兵马使之后有十将、副将。……十将的职责是'爱求训整，是属偏裨，……挟以楚辕，分之齐鼓。'"[1]这样来看，作为羁縻府的云中左归义府还有"部落十将"这样的十将名称，值得重视。

（6）黄花堆：在今大同市南百里怀仁、应县、山阴三市县之间，东西南北皆二十多里。战国称黄华，北魏、北齐名黄瓜堆，隋唐称黄花堆或黄花岭；今称黄花梁。北魏至唐代的黄花堆是一处重要的用兵之地。《魏书序纪·穆帝纪》："穆帝六年（313年），城盛乐以为北都，修故平城以为南都。帝登平城西山，观望地势，乃更南百里，于㶟水之阳黄瓜堆筑新平城，晋人谓之小平城，使长子六修镇之，统领南部。"《旧唐书》《新唐书》中《黑齿常之传》载：（垂拱三年）"突厥入寇朔州，常之又充大总管，以李多祚、王九言为副。追蹑至黄花堆，大破之，追奔四十里，贼散走碛北。"《新唐书》中《沙陀传》又载：贞元中"（李克用父朱邪）执宜乃保神武川之黄花堆，更号阴山北沙陀。"唐代的黄花堆，就是北魏的黄瓜堆。黄花堆乃黄瓜堆一音之转。黄花堆附近古城从北魏早期至晚唐遗址在使用，《康荣墓志》记载下葬地点与发现地点吻合，充分说明在今应县西北黄花堆确有古城存在。这个地点不但出土了《康荣墓志》，还有《石善达墓志》。殷宪先生考证今应县栗家坊村东北一千米有一座古城，名司马镇，方200米，城垣犹在。城墙夯土较晚，夯土层中散存大量陶片，以北魏居多，亦有汉陶、唐砖及辽金陶片。他认为应是北魏所建一处要塞或行宫，后为唐辽两朝所用[2]。

（7）陟岵：语出《诗经·魏风·陟岵》："陟彼岵兮，瞻望母兮。"郑玄笺：此思母之戒，而登岵山而望也。后因以"陟岵"为思念母亲之典。唐代元稹《追封李逢吉母王氏等制》："孝子之於事亲也，贫则有啜菽（chuò shū）之饮，仕则有捧檄之庆，离则有陟岵之叹，殁则有累茵之悲。"

三　曹君（讳某）墓志

曹君（讳某）墓志1盒（图5-5、6）。

1. 曹君墓志

唐故云州都防御衙前兵马使曹府君铭志并序，咸通十年（869年）葬。

曹君墓志：盖有十二生肖、回字纹外围栏。首列19字，共19列，每列24字。盖通高11、顶宽20、座厚5厘米；志石长55、宽54、厚8厘米。粗砂岩制成。应县水磨村出土。

志盖："曹君墓志"，四字，上下连读。篆书。四周刻有象征富贵不到头"S"围栏，中间线刻有十二生肖。

[1] 张国刚：《唐代藩镇军将职级考略》，《学术学刊》1989年第5期。
[2] 殷宪：《〈石善达墓志〉考略》，《唐研究》第十二卷，北京大学出版社，2006年，第459～478页。

图5-5 曹君墓志盖拓片

志文：楷书。

唐故云州都防御衙前兵马使曹府君铭誌并序 /

尝闻先贤既殁而后世得音文不朽者，皆假翰墨而载焉。事以标其九五 / 存积代
之文，伏载邦君，赏世雄之永决，一至于斯，不可失于大礼也。■■■■ / 曾祖，
■■先君本望谯国郡洛阳人也。当汉朝曹附关之后，献帝之苗裔 /，时有阳公好
文，日成百篇。阳公好武，按剑星伦，时遇七槁（擒），善武七枞（纵），佳声妙
/ 其世也。后显不绝，连传今矣。■祖，■■，故河东节度左先锋军归义州长史，

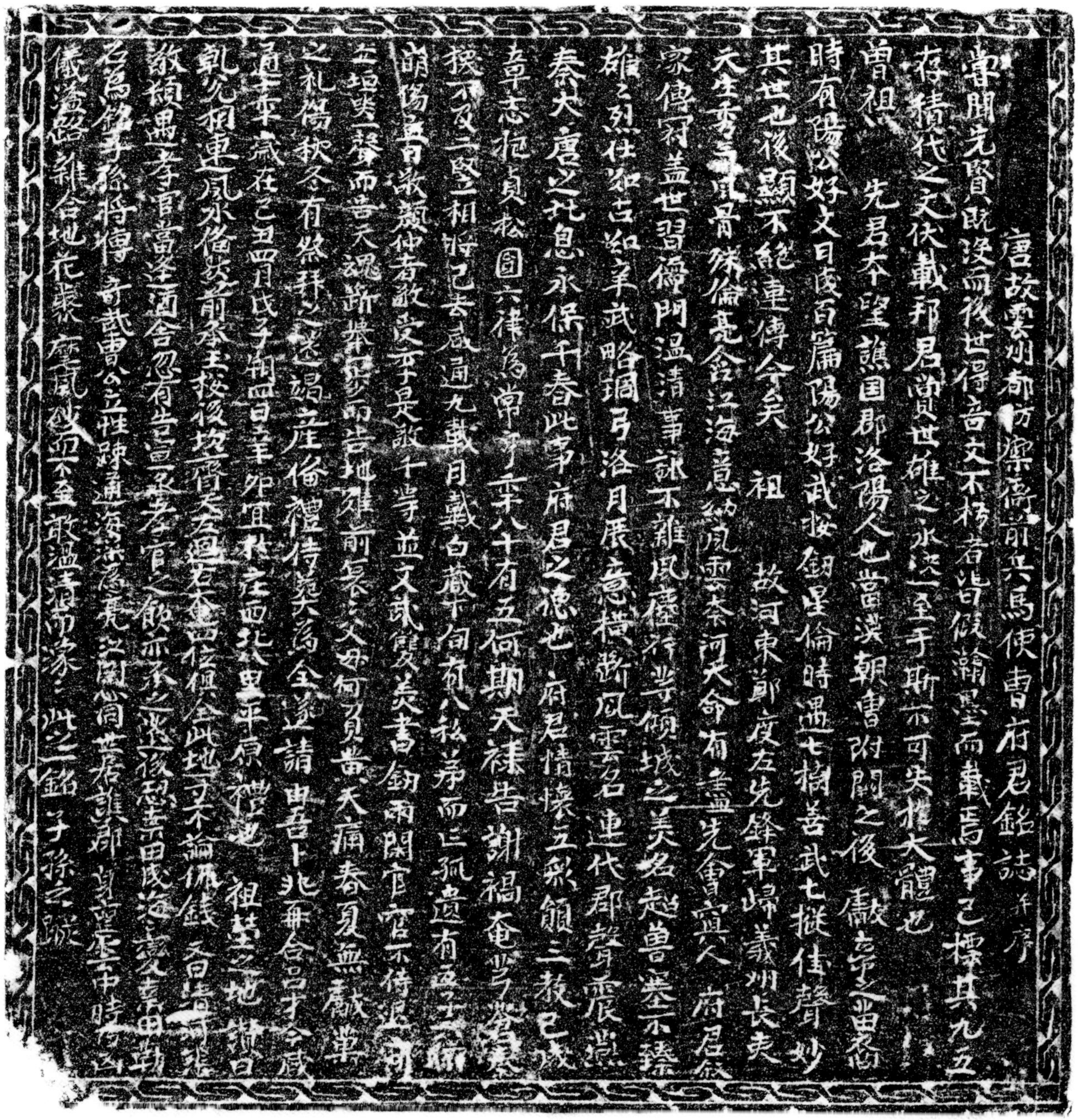

图5-6　曹君墓志石拓片

/ 天生秀气，风骨殊伦，亮含江海，意纳风云，奈河（何）天命有尽，先会真人。
府君叙 / 家传冠盖，世习儒门，温清事咏，不杂风尘；行业倾城之美，名超冀塞不
臻。/ 雄雄烈仕，知古知辛（今），武略琱弓，洛月展意。横断风云，名连代郡；
声震燕 / 秦，大唐之托息，永保千春，此事，府君之德也。府君情怀五彩愿，三教
已成 / 章；志抱贞松，圆六律为常。享年八十有五，何期天禄告谢，祸奄穹苍，奉
/ 機（计）不及，二竖相将。已（以）去咸通九载月戴白藏下旬有八私第而亡。孤
遗有五，子孙 / 崩惕。伯曰敬颜，仲者敬受，季是敬千等。并文武双美，书剑两

闲。官宦不侍，退可／立垣。哭一声而告天魂断，举一步而告地难前。哀之父母何负黄天，痛春夏无献菜（果）／之礼，伤秋冬有祭拜之还。竭产偹礼，侍葬为全。遂请由吾卜兆，再合吕才。今咸／通十年岁在己丑四月戊子朔四日辛卯宜于庄西北八里平原，礼也。■祖茔之地。讚曰：／乾兑相连，风水备然，前承玉楼，后坎齐天；左迴右奄（掩），四位俱全。此地一寸，不论价钱。又曰，清河张／敬，顺遇孝官，当逢酒舍，忽有告宣；承孝官之饮，亦承之迁。后恐桑田成海变桑田，勒／石为铭，子孙将传。奇哉曹公，立性踈通；海深为亮，江阔心同，世居谯郡，身表云中。时乃凶／仪溢路，杂合地花，裘麾风砂而不至，敢温清而濛濛。此之一铭，子孙之蹤（纵）。／

2.字词解读

（1）云州都防御衙前兵马使：据《唐六典》："凡镇皆有使一人，副使一人。副使、总管取折冲已上官充。""防御使"一职在《通典》卷三十二《职官》十四："（唐肃宗）至德（756～758年）以来，天下多难，诸道皆聚兵，增节度使为二十余道。其非节度使者，谓之防御使，以采访使并领之"[1]。

《旧唐书》卷四十四《职官三》："防御、团练使：至德后，中原置节度使。又大郡要害之地，置防御使，以治军事，刺史兼之，不赐旌节。上元后，改防御使为团练守捉使，又与团练兼置防御使，名前使，各有副使、判官，皆天宝后置，未见品秩。"[2]《唐会要》卷七十八《诸使杂录上》："（天宝）十四载（755年）十一月，安禄山叛命，诸州当贼冲者，始置防御使。至宝应元年（762年）五月十九日，停诸州防御使。"[3]《金石萃编》卷六六唐代吕受撰记《田任等造尊胜陀罗尼经幢》太和八年（834年）六月十九日题名有"衙前兵马使乐王英琦、张忠政、娄宗古、陈志宽等七人。"[4]

我以为，云州都防御使应是河东节度使下属职官与张国刚先生认为的藩镇所属支州驻军都知兵马使职级相当；而衙前兵马使应归衙前都兵马使管辖；另外张文中提到还有衙内都知兵马使，如刘禛为昭义衙内都知兵马使、天德都防御使下有马前都知兵马使[5]。兵马使，是某一支行营部队下的统兵官；属于下级军官。白居易《张伟等一百九十余人除常侍、中丞、宾客、詹事等制》："敕，卢龙军押衙、兵马使、什将、随军某等，……。"[6]这里的兵马使与押衙、衙前兵马使、十将职级相当。

[1]（唐）杜佑撰：《通典》卷三十二《职官》十四，都督，中华书局，1988年，第895页。

[2]（后晋）刘昫等撰：（百衲本）《旧唐书》（全两册），卷44《职官三》，国家图书馆出版社，2014年，第1923页。

[3]（宋）王溥著：《唐会要》卷七十八《诸使杂录上》，陕西出版集团、三秦出版社，2012年，第1232页。

[4]（清）王昶辑：《金石萃编》（全五册）卷六六唐二十六《义成军节度押衙田任等奉为尚书立尊胜陀罗尼幢序》，中国书店，1985年。

[5]张国刚：《唐代藩镇军将职级考略》，《学术学刊》1989年第5期。

[6]《全唐文》卷六八五。

表5-2　晚唐时期大同防御使人员一览表

序号	姓名	职官	任职时间	其他
1	卢简方	前大同防御使	864年	
2	曹弘立	云州押衙、靖边将、中大夫检校太子詹事	842～864年	
3	刘良信	大同军衙前兵马使	865年之前	
4	曹君	云州都防御衙前兵马使	868年	
5	李国昌	大同节度使	869年	原名朱邪赤心
6	支谟	云中防御使	871年左右	咸通末
7	段文楚	云中防御使	871～878年	咸通末
8	卢简方	大同防御使	873年	
9	李温让	大同军都防御左押衙、清塞军使	876年	
10	李尽忠	云州沙陀兵马使		段文楚部下
11	张行本	大同军衙前兵马使		
12	赫连铎	云州刺史、大同军防御使	880年	
13	石善友	云州刺史、大同防御使	891年	
14	王郅	大同军防御使		景福至光化年间

与曹君时代相同的唐代《刘良信墓志》《张行本墓志》《曹弘立墓志》值得比对。从《唐大同军故衙前兵马使彭城郡刘府君墓志铭并序》《张行本墓志》[1]可知，刘良信生前曾任"大同军衙前兵马使"，与曹君生前任"云州都防御衙前兵马使"的职官十分相似，曹君卒于868年，享年85岁；刘良信卒于865年，享年51岁；从以上比对信息来看，曹君任此职的时间要早于刘良信。曹君父辈、祖辈任河东节度左先锋归义州长史，刘良信同样也是出生于河东，其父刘兴守，职终河东节度押衙；两个家庭同样出自于河东。

在《资治通鉴》卷二百五十三乾符五年正月条记载：云中防御使、云州刺史段文楚部下李尽忠为云州沙陀兵马使，由此可知，云州都防御衙前兵马使与云州沙陀兵马使可能都是云州刺史、云州防御使的部下；有可能分为衙前和沙陀，分别领兵。而李温让任大同军都防御左押衙、清塞军使职务，又透露出大同军都防御使下设左右押衙，此职还可以兼任清塞军使[2]。《曹弘立墓志》中提到墓主曹弘立"以开成年中（840年）旅于边塞而访友人，时故□（麟）州刺史武公一见，……然□□□授公散兵马使。"之后，振武节度使（唐乾元初分朔方节度置振武军节度，属关内道，在今内蒙古和林格尔北10里的土城子，寻复属朔方；大历末复置，领绥、银、麟、胜等州。）刘沔于会昌二年（842年）三月可检校右仆射，兼太原尹、北京留守，充河东节度、管内观察处置使；墓主人便从刘沔任振武军节度使治下的麟州，迁任大同军治下的云州[3]。由于本文曹君父、祖名讳没有写出，家族世

[1]　张焯：《云冈石窟编年史》，文物出版社，2006年，第216、219页。

[2]　《唐故宣州左押衙、检校国子监祭酒、充左教练使、诸水军营使兼侍御史赵郡李公夫人汝南郡殷氏墓志铭并序》，张焯：《云冈石窟编年史》，文物出版社，2006年，第217、218页。

[3]　高文文：《唐河北藩镇粟特后裔汉化研究——以墓志材料为中心》，中央民族大学2012年博士学位论文，第51～63页《曹弘立墓志考释》。

系上无法与曹弘立家族进行对比；只是曹弘立祖父任职为"州衙前兵马使"，也倒是与本文墓主曹君"云州都防御衙前兵马使"任职相当。

（2）河东节度左先锋军归义州长史："诸府，折冲、都尉各一人，左右果毅都尉一人，别将一人，长史一人（上府正七品下，中府从七品上，下府从七品下。），兵曹参军事一人。"[1]

《新五代史》卷四《庄宗纪》："（范）希朝徙镇太原，（李克用父朱邪）执宜从之。居之定襄神武川新城。其部落万骑，皆骁勇善骑射，号沙陀军。"如果说《新五代史》卷四内容不够明确，赵织荣、王旭送的《沙陀简史》阐述的更加明确。"元和四年（809 年）六月，范希朝调任河东节度使，（原住在灵、盐地区的沙陀）也随其迁转河东。……到达河东之后（朱邪尽忠已死），范希朝（派朱邪执宜）挑选沙陀劲旅一千二百，号沙陀军，并且设置军使进行管理；朱邪执宜'保神武川之黄花堆，更号阴山北沙陀。'剩下的兵士则被范希朝安置在定襄川。"[2]《旧唐书·柳公绰传》："太和四年（830 年），柳公绰镇太原，陉北（雁门关以北）沙陀因善战而为九姓回鹘、六胡州所畏伏；号代北行营，授（朱邪）执宜阴山府都督，代北行营招抚使，隶河东节度使。"

（3）二竖相将：二竖指疾病。相将是相随、相伴。（汉）王符《潜夫论·救边》："相将诣阙，谐辞礼谢。"（唐）孟浩然《春情》诗："已厌交欢怜枕席，相将游戏绕池台。"也是此意。

（4）咸通九载月戴白藏：唐懿宗 868 年秋。《尔雅·释天》"秋为白藏。为收成。"郭璞注"气白而收成。"《尸子·仁意》："春为青阳，夏为朱明，秋为白藏，冬为玄英。"

（5）"踪"通"纵"。唐《李元谅墓志》中："感激踪横之志。"[3]

对于这批墓志为什么出现在山西省应县周围，我十分感兴趣。对于这个问题，荣新江[4]、樊文礼[5]孙瑜[6]等均有过不同程度的论述（图 5-7）。

我在仔细研读这批墓志之后，感觉有的问题还有再次探讨的必要；比如：

（1）唐代晚期含粟特的"昭武九姓"军人为什么要安置到应县附近？

（2）应县是在什么时候开始置县的？

（3）明代《应县志》中提到的唐代的金城县与河西金城（今甘肃省兰州市）有什么关联？

（4）这一批墓志如果真为粟特人，那也应该是汉化明显的粟特；但从墓志撰

[1]　（唐）李林甫等撰，陈仲夫点校：《唐六典》，中华书局，2014年，第645页。

[2]　赵织荣、王旭送：《沙陀简史》，新疆人民出版社，2015年，第50页。

[3]　吴刚辑，吴大敏编：《唐碑俗字录》，三秦出版社，2004年，第229页。

[4]　荣新江：《安史之乱后粟特胡人的动向》，《中古中国与粟特文明》，生活·读书·新知三联书社，2014年。

[5]　樊文礼：《唐末五代的代北集团》，中国文联出版社，2000年。

[6]　孙瑜：《唐代代北军人群体研究》，社会科学文献出版社，2012年。

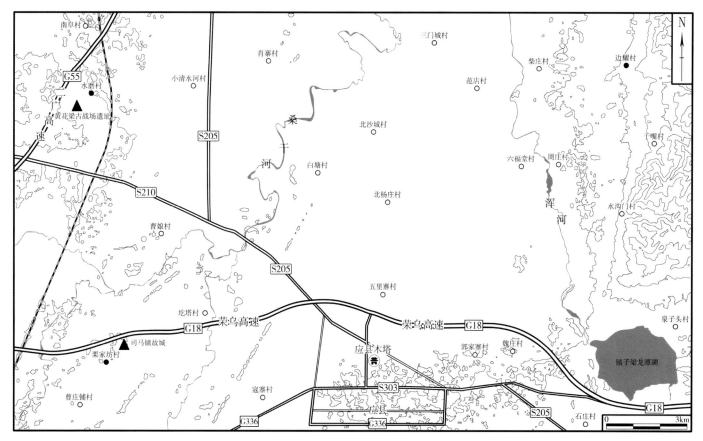

图5-7　应县晚唐昭武九姓胡人墓葬分布图

写者的情况看，他们文化程度并不是十分高，如此等等。下面，对以上几个问题做一些简单的讨论。

第三节　相关问题讨论

一　唐代晚期粟特人为什么安置在应县附近？

从现在发现的资料看，晚唐时期"昭武九姓"胡人的构成十分复杂。不但有粟特人还有沙陀，同时与突厥、吐谷浑关系密切等。山西北部、中部的"昭武九姓"胡人由来已久，早在南北朝时期就进入这一地区，他们奉行火祆教或其他宗教，山西的考古发现比比皆是，如：大同市、朔州市境内发现数量可观的西亚波斯地区遗物。据陈垣先生判定：火祆教到中国不会早于北魏神龟年间[1]。虽说这个观点至今有可商量余地，但是在中原地区能够看到粟特因素，确实是在神龟年间以后。林悟殊先生也有相似观点[2]。这一时期持粟特语的"昭武九姓"胡人最可能是作为商人或贸易中间商存在的。《魏书·西域传》对波斯的官职、信仰、风俗、习惯已有记载："俗事火神天神。……多以姊妹为妻妾。死者多弃尸与山，一月着服。……有大官名摸胡坛，掌国内狱讼。"龚方震、晏可佳转引弗里曼《慕格山粟

[1] 陈垣：《火祆教入中国考》，《陈垣先生学术文集》（第一集），中华书局，1980年。

[2] 林悟殊：《波斯拜火教与古代中国》，新文丰出版公司发行，1985年。

特文文献》认为"摸胡坛"就是"穆护"[1]。不过这一称谓至今也没有得到验证。

进入唐代，尤其是安史之乱之时，"昭武九姓"粟特武人大量开始登上历史舞台。除了安禄山、史思明之外，有名姓的"昭武九姓"粟特胡人大量存在于墓志、碑刻材料之中。东突厥及突厥化的粟特人在调露元年（679 年）被唐政府位于河曲南边（灵州或夏州）设置六个突厥化粟特人的羁縻州，这些居民被称为"六胡州"。开元年间"六胡州"名称随着行政区域的兼并已经不存在了。参考〔日〕森部丰《唐后期至五代的粟特武人》可知："河曲南部六胡州粟特人移居河北分为三期。第一期是安史之乱之前及乱中，如曹闰国、康日知。第二期是建中至贞元年间，如史宪诚的祖父史道德，其父史周洛。第三期是在元和年间，如何进滔。"[2]他们基本上先迁往太原、后迁往朔州、大同，最后迁至河北；也有从石州（离石）迁往河北。2002 年河北大名县铺上乡田水坑村发现唐大中四年（850 年）《大唐魏博节度使故步军左厢都知兵马使兼节度押衙银青光禄大夫检校太子宾客兼侍御史米公（米文辩）墓志铭并序》中，米文辩与扶风马氏夫人大中四年正月十三日合葬。孙新民等先生首先给予介绍，并证实了〔日〕森部丰的这种猜测[3]；而后李鸿宾先生给予深入讨论，勾画出了粟特人米文辩家族三代由三水前往河东再往魏博镇的史实[4]。米文辩家族迁徙轨迹与曹君墓志颇为相似。我个人认为，应县这支"昭武九姓"粟特人家族在迁徙途中在山西北部定居颇有可能；当然，他们是随着沙陀族迁往山西，最后定居神武川。

据荣新江《北朝唐粟特人之迁徙及其聚落》一文搜集的材料，著籍太原的粟特人有翟突婆、龙润及家人、安师、康达、康武通、安孝臣等[5]；著籍大同的粟特人有石善达等。

在安史之乱后如此多数量的粟特胡人安置在河东之北的振武军和卢龙军之中，其主要目的很可能为黄永年、李碧妍先生所言："'关中本位政策'的重构，为了使其变得更有效益，帝国不需要亲力亲为参与河北的军事布防，因为安史之乱后处于半独立状态的幽州已经承担了为帝国抵御东北异族的责任。"[6]

粟特胡人诸部聚集代北的根本原因仍是"唐廷受吐蕃压力而将关内等地诸蕃部落逐渐东迁入代北。到唐朝末年，代北已成为蕃族聚集的一个重要地区，并已经成为以太原为治所的河东节度使的心腹之患。"[7]

[1] 龚方霆、晏可佳：《祆教史》，上海社会科学院出版社，1998年，第261页。

[2] 〔日〕森部丰著，温晋根译：《唐后期至五代的粟特武人》，《粟特人在中国——历史、考古、语言的新探索》，中华书局，2005年，第232页。

[3] 孙继民、李伦、马小青：《新出米文辩墓志铭试释》，《文物》2004年第2期；后收入孙继民主编：《河北新发现石刻题记与隋唐史研究》，河北人民出版社，2006年，第57～69页。

[4] 李鸿宾：《墓志铭映印下的唐朝河北粟特人地着化问题——以米文辩墓志为核心》，《暨南史学》第九辑，第83～93页。

[5] 荣新江：《北朝隋唐粟特人之迁徙及其聚落》，《国学研究》第6卷，第62、63页。

[6] 黄永年：《范阳节度与奚、契丹》，收自《六至九世纪中国政治史》，2004年上海书店出版社7月第1版第308～313页。李碧妍：《危机与重构——唐帝国及其地方诸侯》，北京师范大学出版社，2015年8月第一版第532页。

[7] 李碧妍：《危机与重构——唐帝国及其地方诸侯》，北京师范大学出版社，2015年，第368、369页。

二　晚唐金城县与应州的关系

晚唐时期应县称为金城县，从现有的资料看它出现的比较突兀，与古代置县称谓的规律不太相符。

先看一下（明）《应县志》中记载的历史沿革："冀州之域，古唐国地。虞、周属并州。战国属赵，为代郡地。秦为阴馆县，地属雁门郡。汉因之，东汉末废。后魏属神武郡。北齐改属太平郡。后周郡废，置阴城县。隋废。唐置金城县，以县升应州，以龙首、雁门二山南北相应，故名。内附金城县，外领浑源、河阴二县。五代时，后唐以应州置彰国军节度。迄石晋天福元年，割后十六州，以赂契丹。应州入辽，金因之，元仍为应州。至国朝洪武五年，应州隶山西布政司大同府，领山阴一县，编户二十里。"[1] 县志上只是说"唐置金城县，以县升应州，以龙首、雁门二山南北相应，故名，内附金城县，外领浑源、河阴二县"。但是，没有说明置金城县的原因，倒是对"应州"名字的由来做了一番解释。其实，应州的名称与后唐明宗李存勖为应州人是有着直接关系的。据《全唐文》卷一〇八《置彰国军敕》："汉朝沛、魏祖封谯，当化家为国之时，行奉先思孝之道。眷惟应郡，迹乃帝乡，宜师古而建邦，亦推恩而及物，俾崇国本，以洽人情。"这是作为皇帝老家而应该给予的待遇。敕文中还说"其应州宜置彰国军节度，仍以兴唐军为寰州，隶彰国军"[2]。这里更加明白指出，金城县作为龙兴之地直接升为应州，其地置彰国军节度；而原来的兴唐军仍驻寰州；隶属于彰国军。

应州设置时间为何时？《旧五代史·庄宗纪》："同光二年（924）秋七月庚申，以应州为云州属郡。"《旧五代史·明宗纪》："天成元年秋七月升应州为彰国军节度。"这两条史料证明最晚在后唐明宗李嗣源天成元年（926 年）秋七月之前应州已经设立；最早在后唐明宗李存勖在洛阳登基之时，923 年 4 月。

"金城县"查《山西历史地名通检》："《通典》《元和郡县志》及两唐书均无金城县。《舆地广记》称：'应州，唐末置。领金城、浑源二县。'"[3] 看来"金城县"的设置的确是一个谜？但是，通过梳理史料，起码我们知道"金城县"应该是唐末才出现的一个称呼。查《中国古今地名对照表》历史上称"金城县"最多的地方是现今甘肃省兰州市城关区，早在"西汉置金城县，治今市西北西固城。前凉为金城郡治。北魏废金城县。……隋开皇元年置兰州，治今兰州市；并迁子城县治此。大业初改子成县为金城县，为金城郡治。隋末改进金城县为五泉县，仍为金城郡治……唐咸亨二年（671 年）复为金城县。天宝元年（742 年）复为五泉县，为金城郡治。广德元年（763 年）没于吐蕃。"[4] 从此以后兰州至 1949 年末

---

[1]　（明）田蕙纂辑，王有容校刊，尚庸身、郑德贵、袁鸿基点校：《应州志》，1984 年 10 月点校重印，第 3 页应州《禹贡》。

[2]　殷宪：《〈石善达墓志〉考略》，《唐研究》第十二卷，北京大学出版社，2006 年，第 459～478 页。

[3]　刘纬毅：《山西历史地名通检》，山西教育出版社，1990 年，第 62 页注释②。

[4]　薛国屏编著：《中国古今地名对照表》，上海辞书出版社，2010 年，第 560 页。

再称为"金城县"。另外，陕西甘泉县唐武德二年（619年）改金城县，天宝元年（742年）改敷政县。江苏涟水县在唐武德四年（621年）曾短暂称为金城县。贞观元年（627年）废。广西河池市在北宋初年称为金城县，元朝废。陕西兴平市在唐景龙四年（710年）改始平县为金城县，迁治马嵬（wéi）城[1]。

那唐末应州的金城县与兰州有没有关系呢？从目前发现的这三方墓志中墓主人并没有说明他们的祖籍与金城有关；有的还刻意强调其祖籍为"谯国郡洛阳人也"，如曹君墓志。但是，经过本人多年来对粟特人及其族群来源的关注之自公元430年起，粟特居民就开始陆续从今西亚地区迁入中原[2]，兰州是其必经之所。随着"昭武九姓"胡人东迁，其原先居住地的名称被带到新的聚居地。"金城"这一地名应该是原先聚集在甘肃兰州、榆中等地的"昭武九姓"胡人，随范希朝调任河东而迁入今山西地区，最终安置于神武川，也就是今天朔州、大同、应县一带；他们便以"金城"来命名新的聚集地。他们号称"沙陀三部落"，其实包含有沙陀、薛葛（粟特）、安庆[3]。

不过，金城县存在的时间很短，最晚至五代后梁朱温割让幽云十六州给辽朝时，这种称呼便在史料上消失了。

三　三方粟特人墓志考古价值与山西晚唐史实研究

（1）应县发现"昭武九姓"胡人墓志应是胡人"生则内部通婚，卒则聚族而葬"的遗存。李鸿宾先生还列举了河北宣化出土晚唐雄武军家属族葬墓地，使这一问题研究不至于陷入孤掌难鸣的境地。

（2）应县粟特人来源各有不同。如何公墓志、康君墓志记载应是六胡州遗民著籍大同；而曹君墓志则记载其祖父曾任职河东，属于"昭武九姓"胡人随安史之乱之后著籍大同。大同周边晚唐"昭武九姓"胡人与魏博镇附近的"昭武九姓"胡人存在有明显的相似性。这样的"昭武九姓"胡人军人团体存在与晚唐政治、军事形势有着密切的关系，晚唐中央政府为了遏制河北三镇的安史遗续军人集团势力，不得不在河北三镇通往两京的交通要道上布置重兵，确保唐廷安全；这样的"昭武九姓"胡人军人团体一直存在至北宋初年才彻底结束。

（3）对于唐晚期大同军府设置及职官研究颇具价值。这一问题在曹君墓志中已有比较详细的论述，兹不赘言。

[1]　薛国屏编著：《中国古今地名对照表》，上海辞书出版社，2010年，第141、397、531、545页。

[2]　龚方震、晏可佳：《祆教史》，上海社会科学院出版社，1998年，第228、229页。张小贵：《中古华北祆教考述》，文物出版社，2010年，第213页附录1《入华祆教大事记》。

[3]　刘惠琴、陆海涛：《唐末五代沙陀集团中的粟特人及其汉化》，《烟台师范学院学报（哲学社会科学版）》第18卷第2期，2001年第6期。

陆　太原市阳曲县出土后晋何公墓志

王俊（山西省考古研究院）

一　昭武九姓之何国

何国

或曰屈霜你迦，或曰贵霜匿，即康居小王附墨城故地也。城左有重楼，北绘中华古帝，东突厥、婆罗门，西波斯、拂菻等诸王，其君旦诣拜则退。贞观十五年，遣使入朝（《新唐书·何国传》）。许序雅认为，屈霜你迦是阿拉伯语库沙尼亚的对音，今撒马尔罕西北 75 千米。何国城楼上的绘画，一方面说明何国与中国、突厥、印度、波斯何东罗马之间的广泛联系；另一方面说明，在相当长的一个时期，何国的伊斯兰文化程度是不深的[1]。

二　何公墓志

志盖遗失（图 6-1）。

墓志内容：

大晋故鸡田府部落长史何公墓志铭并序 /

《易》曰：知生而不知死，德而不丧；知存不知亡，名其唯■圣人乎？由是知荣禄 / 有仗之期，生死而无究竟之路。则知寿有短长，荣无久固也。■■■■ /

公讳军政，家本大同人也。■公主领部落，抚弱遏强，矜贫恤寡。家崇文 / 武，世袭冠裳。传孝悌之风仪，绍恭俭之礼让。分枝引流，不可究源。皆 / 继簪缨，拖金拽紫，尽为侯伯，各有功勋。■公不幸忽染时疾，药疗无 / 医，去长兴三年（932 年）十二月一日于代州横水镇终于天命。■■夫人安氏，星姿 / 降瑞，月彩呈祥，行美芝兰，德彰闺壸。忽以身萦疾□，药疗无 / 征，须臾莫返香魂，倏忽而俄辞白日，以天祐年四月十九□在京宅内。/ 有男五人。■第二随■驾兵马使充左突骑十将，天祐年（918 年）十二月廿四日从■ / 庄宗帝于河南胡柳陂为国战劬身殁，敬周。第三随■驾兵马使充左突 / 骑副将，敬千。同光年四月廿三日身殁封坟，殡在庚穴。■长男北京押衙充火山军 / 使、银青光禄大夫、检校工部尚书兼御

[1]　许序雅：《唐代丝绸之路与中亚史地从考——以唐代文献为研究中心》，商务印书馆，2015年，第108页。

图6-1　何公军政墓志石拓片

史大夫、上柱国，敬文。■次随■驾右备/征军指挥使、银青光禄大夫、检校右仆射兼御史大夫、上柱国，敬万。■■/次随■驾左护圣弟（第）一军副兵马使、银青光禄大夫、检校工部尚书兼御/史大夫、上柱国，敬超。■新妇三人，长安氏、次康氏、次康氏。孙男九人，/从荣、重进、小哥、韩十九、憨哥、小厮儿、小猪、小憨、王七。/新妇宗氏，重孙兜儿。■长男敬文等，俱以义烈门风，孝传并邑。/以年匪顺，灵圹不迁。今就吉辰，方堂宅穸（xī）。即以天福四年（939年）十一/月十七日葬于阳曲县连师乡相铺村。圣地迁合，并置新茔/平源（原），礼也。其铭曰：/■■■■■■■■■■■■■■■■■■■■□有奇仁，迥摽风格。各重珪璋，智匡郡邑。一任长史，累迁荣禄。尽喜来珠，／咸□大兽。安氏夫人，星姿降质。疾构绘帷，身终兰室。贤男贤女，有孝有顺。／晨昏□问，冬夏温清。卜其宅地兮广茔藏事，乌兔助坟兮旌其孝志，／刊勒贞珉兮树德遗芳，地久天长兮百千万祀。／

三　鸡田州的补充史料及其他

由于张庆捷先生有专文对此墓志进行考证[1]，故在此不作太多引述。关心此论的作者可自行搜索、查阅；我仅对鸡田州等史料进行一些补充。

鸡田州

据王溥《唐会要》记载，唐太宗平薛延陀事在贞观二十年（646年）。史载："既破薛延陀，太宗幸灵州，次泾阳顿，铁勒回鹘、拔野古、同罗、仆骨、多滥葛、思结、阿跌、契丹、奚、浑、斛萨等十一姓，各遣使朝贡"，奏称"（薛）延陀可汗，不事大国，暴虐无道，不能与奴等为主人"，请求"归命天子、置汉官司"。……次年，诸部首领复至长安朝觐，太宗为满足诸部要求，遂"以回鹘部为瀚海、多滥葛为燕然，仆骨为金微，拔野古为幽陵，同罗为龟林，思结为卢山，皆号都督府；以浑为皋兰州，斛萨为高阙州，阿跌为鸡田州，契苾羽为榆溪州，奚结为鸡鹿州，思结别部为蹛林州，白霫为寘（tián）颜州。"[2]

（1）石见清裕著、胡鸿译：《唐代有关内附异民族的规定》表3《旧唐书·地理志》所载羁縻州一览表：鸡田州属关内道灵州的突厥九姓羁縻州，户104，口469[3]。

（2）元和十五年（820年）立石，李光进碑："公之先本阿跌氏，出土南单于左厢十二姓。代有才杰，继为酋帅，尝统数千庐落，号别部大人。贞观初，大父贺之帅其属来归太宗，制授鸡田府都督，仍充灵武丰州定塞军使。大父袭之。无禄早世。先父良臣，开府仪同三司、鸡田州刺史，充朔方先锋左助兵马使。……大司徒范公希朝，求军中之旧，迁为检校左散骑常侍……"由代州刺史石岭镇北兵马使代北军使，超迁工部尚书，单于大都护、振武节度支度营田观察押蕃落等使[4]（图6-2）。

（3）《全唐文》卷714，李宗闵《李良臣碑》李光进，"本河曲部落稽阿跌之族。曾祖父阿跌贺之于贞观末率部内属，太宗召见。与语，奇其材能，拜'鸡

---

[1]　《〈大晋故鸡田府部落长史何公墓志铭〉发微》，《纪念岑仲勉先生130周年国际学术研讨会论文集》，中山大学出版社，2019年，第558～565页。

[2]　（宋）王溥撰，朱继清校正：《唐会要校正》卷九十六铁勒，三秦出版集团、三秦出版社，2012年，第1475页。

[3]　石见清裕著，胡鸿译：《唐代北方问题与国际秩序》，复旦大学出版社，2019年，第115页。

[4]　张晋平：《晋中碑刻选粹》，山西古籍出版社，2001年，第49～52页。

图6-2　唐末榆次李光进墓志局部

田州刺史'"。充定塞军使。"贺之子涎丰嗣位，袭'鸡田州刺史'。涎丰卒，子良臣袭立"[1]。

（4）胡柳坡之战：《旧五代史》卷四十六《唐书》第二十二《末帝（李从珂）纪上》，"庄宗（李存勖）与梁军战于胡柳坡，两军俱挠。"[2]此战发生在918年，是后梁、后唐决定战局的关键之战。

（5）代州横水镇：《旧五代史》卷四十六《唐书》第二十二《末帝（李从珂）纪上》"（同光）四年（926年）魏州军乱，明宗赴洛时，帝在横水，率部下军士由阳曲、盂县趋常山与王建立会。"[3]

（6）殡于庚穴：墓主人何姓，为商音。墓志中没有说明何军政家族用的昭穆葬还是贯鱼葬。单从"殡于庚穴"的人物为何军政的三弟推测，若祖穴为壬穴，葬何军政父，那么丙穴就是次穴葬何军政；庚穴葬其二弟；昭穆葬事向东偏南乙地作一坟，不得过卯地。这一坟葬何军政三弟。若是贯鱼葬，则是于正南偏东丙地作一坟，不得过午地。这一坟葬何军政三弟。以上是对何军政家族父兄四人按《地理新书》上的内容所做的葬式推测[4]。这种推测，证实山西中北部在晚唐时期已经十分流行《葬书》这种葬式安排，为我们研究古代丧葬制度提供了宝贵信息。

（7）火山军使：火山军，《文献通考·舆地考》，本岚州地，刘崇置雄勇镇；宋太平兴国七年（982年）建为军，徙治镇西三十里。故治在今河曲县东南七十里旧县乡。《太平寰宇记》：火山军，在岚州火山下，皇朝平晋置，控临边境，仍以火山为名。火山，在军东四十里[5]。

（8）军使：军职名。为禁军骑军都一级编制单位长官。源于唐仪凤年间（676～679年）《旧唐书·黑齿常之传》等。差遣官。作为亲民官之军使，北宋始置于建隆三年（962年）五月二十日，除北海军军使。为一军之长吏，掌本军军户、赋税、钱谷及寇盗等公事，与知州等同为亲民官。正九品，其职位与知某军事同。所在军军使止置一人，与知军不并置[6]。

（9）天祐年：墓志里不写明具体年数，十分特殊。《中国历代年号考》：天祐（904～907年）共四年。天祐四年三月唐昭宗帝李柷禅位于朱温，惟河东、凤翔、淮南称天祐，西川称天复年号。碑刻中有用至天祐二十年者[7]。这里大祐年号使用，反映后唐奉李唐为正朔。

[1] 马驰：《唐代蕃将》，陕西出版集团、三秦出版社，2011年，第54页。作者按：阿跌良臣卒于宝应二年（763年），自贺之至良臣，三代人居鸡田州刺史达百年之久。
[2] （宋）薛居正等撰：《旧五代史》（全六册）卷四十七唐书二十二末帝本纪上，中华书局，1976年，第625～626页。
[3] （宋）薛居正等撰：《旧五代史》（全六册）卷四十七唐书二十二末帝本纪上，中华书局，1976年，第626页。
[4] （宋）王洙：《图解校正地理新书》，选自《续修四库全书》子部数术类，金明昌抄本，集文书局印行，2003年再版，第51页。
[5] （宋）乐史撰，王文楚点校：《太平寰宇记》（全九册），中华书局，2007年，第1055页。
[6] 龚延明编著：《宋代官制辞典》，中华书局，1997年，第412、537页。
[7] 李崇智编著：《中国历代年号考》（修订本），中华书局，2001年，第105页。

柒　结语

　　"昭武九姓"胡人来自今天中亚、西亚的部分地区,从目前考古发掘资料来看,战国晚期就陆续进入中原地区,南北朝至唐代是其进入我国的高潮时期。其进入中原的原因是进行贸易性商业活动,人员以商队或粟特聚落为主要形式。目前我省"昭武九姓"胡人研究还集中在北朝、隋代,唐代"昭武九姓"胡人或其后裔的研究比较落后。据笔者所知,唐代仍有大量"昭武九姓"胡人及其后裔在山西定居;目前发现约十余方"昭武九姓"胡人及其后裔墓志,颇具研究价值。

　　研究这一批"昭武九姓"胡人及其后裔的墓志,对唐代"昭武九姓"胡人的来源、聚落形式、职业或朝廷任职情况、墓葬形制、随葬品种类、与中原汉人融合的情况等等均有十分重要的意义;尤其是对当今"一带一路"建设中,唐代"昭武九姓"胡人在丝绸之路中担当的角色和任务及逐渐融入中华民族大家庭的过程,更加具有现实的研究意义。进而,更加明确太原作为唐代北都的重要政治意义和山西在中国古代文明研究的地位。

　　本书主要内容是收录了近些年发现但未著录的唐代"昭武九姓"胡人墓志,尤其以中晚唐为多。其中最为重要的是太原龙氏家族墓志、应县晚唐胡人墓志等。这几批墓志本应该得到详尽的研究,出于时代、机构、人员变动等原因,致使发掘材料一推再推。2000 年太原隋代虞弘墓的发现,让粟特人研究又出现了新的转机。本人关心粟特人墓志也是从这一时期开始,功夫不负有心人,经过近二十年的搜索、寻找,终于发现以上数十方"昭武九姓"胡人的墓志。

　　这一批"昭武九姓"胡人墓志资料的系统公布,将大大推动山西唐代粟特人群研究的整体高度。每一方墓志都是一份十分丰富的研究素材,由于本人学力有限,加上田野考古任务繁重,没能挤出更多的时间对每一方墓志做出更加细致、深入的研究。期待有识之士将来写出山西唐代"昭武九姓"胡人研究的系统性论著。

　　本书对墓志的本身及相关问题只是做了初步研究,谈不上有什么特色。由于墓志涵盖初唐至晚唐,特别是龙氏家族的龙庭玮墓志,已近北宋早期。随着考古发现的深入,将发现更多胡人族群孑遗墓志。本书力图通过区域墓志的释读和研究,揭示唐代"昭武九姓"胡人这个族群怎样慢慢消失、湮灭在历史长河中这一史实。以往胡人研究的旧史料也有不少,主要是墓志志文,研究起来显得单调,伴出的随葬品不知所终。本书所发表的汾阳曹怡墓志、五台石艺墓志均为发掘出土，且伴有随葬品，其发现对唐代"昭武九姓"胡人对比研究将起到积极的推动作用。

金无足赤，本书在以下几方面存在明显不足。

本书还存在如下不足：1.由于时间紧迫，没有在山西更大范围内寻找唐代"昭武九姓"胡人墓志，遗漏在所难免；同时也让书的体量变得小巧。随着《三晋石刻大全》的陆续出版，过去我们未知的许多新材料将纷纷面世，在一定程度上会补充本书的不足。这不得不说是一件好事情。但是，从目前已经出版的《三晋石刻大全》分县编来看，问题和错误还是不少。首先是拓片质量不高；拓片缩小之后文字不清晰。其次，释读人员水平参差不齐，未作统一校订。最后，近现代碑刻收录较全，而在深山之中、交通不便的地方珍稀碑刻反而没有收录。2.在研究方法上还没有太多的创新和突破。比较研究法、体质人类学的统计法、民族民俗考古学的研究方法未运用等。与国外，特别是丝路沿线国家考古资料进行对比研究、运用遗传DNA技术对粟特人遗骨进行采样研究将是这个学科今后的研究方向和重点。"昭武九姓"胡人墓葬在民族、民俗方面一定还有相当大的信息保留下来，只是有些没有被我们发现和注意罢了。

譬如，"昭武九姓"胡人是怎样融入我国多民族统一的国家中的？是什么时候，以什么样的方式融入的？宋代以后，"昭武九姓"胡人的资料也是非常值得研究的方向。介休市祆神楼就是"昭武九姓"胡人祭祀祆神的场所，目前还未见专门研究专著。在山西永济（古蒲州）、山西新绛（古绛州）、山西朔州（古朔州）、山西大同（古云州）、山西晋城（泽州）等地应当有不少遗存，想必在不久的将来，这些粟特胡人集聚地将会有更加惊人的考古新发现。

大家拭目以待吧。

后　记

　　自 2012 年本人编著的第一本田野考古报告《汾阳东龙观宋金壁画墓》问世后，得到了考古同行的少许赞誉，2014 年该书获得山西省第八次社会科学研究优秀成果一等奖，紧接着，汾阳东龙观墓地被评为第七批全国重点文物保护单位。做为一位普通的考古工作者，以上这些是我对汾孝大道基本建设发掘中所获古墓葬的最好交代。不过至今我依然认为《汾阳东龙观宋金壁画墓》不是我个人的专著；人到了知命之年应该有一本自己的专著，哪怕是很小的。这本书就是在这样时运下写出来编辑而成的。书中龙氏墓志的释读和研究均由太原市文物保护研究院龙真同志完成，我只是做了必要的修改和润色。若发现有不妥之处，责任自当我负。汾阳市书法协会主席武毓璋先生在盛夏时节为本书题签，这是老先生为一个忘年交第三次题写书名，感激之情难以言表。在本书出版的关键时候，我的硕士研究生王双在文字编辑上尽心尽力，毫无怨言。

　　本书得到了山西省宣传文化系统"四个一批"人才专项资金资助晋宣发〔2014〕26 号经费的支持。

　　中国国家博物馆文物保护院院长王力之、忻州市文物考古研究所所长郭银堂、忻州市博物馆馆长任青田、时任朔州市文物旅游局文物科科长孙文俊、时任应县木塔文物管理所所长王新军等在资料收集方面提供了极大的便利，没有他们的支持，本书不可能顺利完成。最后，感谢文物出版社和责编秦或对本书的辛勤编辑，让它以更好的面貌呈现在大家面前。

　　在本文之末，还要感谢我去世的父亲王永年和耄耋之年的母亲王雪英对我无私的培养，虽然我因工作原因不能膝前尽孝，但他们给了我最大的宽容和理解，让我能安心完成各项考古任务。这是怎样的大爱！

　　致敬每一位坚持在田野工作的考古人！

王　俊

2023 年盛夏之时于忻州尹村工地

山西省考古研究院七十华诞出版图书

《山西考古七十年》

《山西"十三五"重要考古发现出土文物》

《发现山西：考古的温度》

《三晋考古》（第五辑）

《泽州和村》

《东成西就：两个十大考古发现与中华礼之源》

《中国文明起源陶寺模式十人谈》

《山西出土青铜器全集·闻喜酒务头卷》

《洪洞坊堆—永凝堡遗址综合考古调查报告》

《于沃集——曲村—天马遗址发现 60 周年暨晋侯墓地发掘 30 周年纪念文集》

《山右吉金：晋侯墓地出土周代青铜器精粹》

《黎城楷侯墓地》

《长子西南呈西周墓地综合研究》

《燕姬的嫁妆——垣曲北白鹅考古揭示的周代女性生活》

《襄汾陶寺北墓地（2015−2016）》

《洪洞南秦墓地（2016）》

《翼城苇沟—北寿城》

《壬寅说虎——山西考古博物馆虎年贺岁展》

《平朔战国秦汉墓》（卷一）

《朔州后寨战国至汉代墓地（2019−2020）》

《汾阳北门墓地》

《万荣北魏薛怀吉墓》

《南涅水石刻艺术》

《太原北齐陶俑墓》

《蒲州故城》（一）

《山西出土唐代昭武九姓胡人墓志举例》

《守望田野：考古队长田建文》